大方廣佛華嚴經

일러두기

1. 『대방광불화엄경 강설』 원문原文의 저본底本은 근세에 교정이 가장 잘 되었다고 정평이 나 있는 대만臺灣의 불타교육기금회佛陀教育基金會에서 출판한 『화엄경소초華嚴經疏鈔』본입니다.

2. 『대방광불화엄경 강설』은 실차난타實叉難陀가 695년부터 699년까지 4년에 걸쳐 번역해 낸 80권본卷本 『대방광불화엄경』을 우리말로 옮기고 강설을 붙인 것입니다.

3. 『대방광불화엄경』은 애초 산스크리트에서 한역漢譯된 경전이지만 현재 산스크리트본은 소실된 상태입니다. 산스크리트를 음차한 경우 굳이 원래 소리를 표기하려고 하기보다는 『표준국어대사전』이나 『불교사전』 등에 등재된 한자음을 사용하는 것을 원칙으로 하였습니다.

4. 경문의 한글 번역은 동국역경원본을 참고하여 그대로 또는 첨삭을 하며 의미대로 번역하고 다듬었습니다.

5. 각 품마다 내용에 따라 단락을 나누고 제목을 달았습니다. 단락의 제목은 주로 청량清凉스님의 견해에 기초하였고 이통현李通玄장자의 견해를 참고로 하였습니다.

6. 『대방광불화엄경 강설』의 발행 순서는 한역 경전의 편제 순서를 기준으로 하였고 각 권은 단행본 한 권씩으로 출간될 예정이며 모두 80권으로 완간됩니다. 다만 80권본에 빠져 있는 「보현행원품」은 80권본 완역 및 강설 후 시리즈에 포함돼 추가될 예정입니다.

7. 『대방광불화엄경 강설』 안에서 불교용어를 풀이한 것은 운허스님이 저술하고 동국역경원에서 편찬한 『불교사전』을 인용하였습니다.

8. 각주의 청량스님의 소疏는 대만에서 입력한 大方廣佛華嚴經 사이트의 것을 사용하였습니다.

9. 『대방광불화엄경 강설』 입법계품에 들어가는 문수지남도는 북송北宋시대 불국佛國선사가 선재동자가 53명의 선지식을 친견하여 법을 구하는 장면을 하나하나 그림으로 그린 것입니다.

대방광불화엄경 강설
제 73 권

三十九. 입법계품入法界品 14

실차난타實叉難陀 한역
무비스님 강설

서문

저는 견고한 뜻을 내어
위없는 깨달음을 구하려고
지금 선지식에게
저의 이러한 마음을 내었습니다.

선지식을 보기만 하면
그지없이 깨끗한 법을 모으며
여러 가지 죄를 소멸하여 없애고
보리의 열매를 이루게 됩니다.

저는 선지식을 친견하고
공덕으로 마음을 장엄하니
오는 세계의 겁이 다하도록
행할 바 도를 부지런히 닦으렵니다.

제가 생각하니 선지식께서
저를 거두어 이익하게 하며
바른 가르침의 진실한 법을
저에게 다 보여 주셨습니다.

나쁜 길은 닫아 버리고
인간과 천상의 길을 보여 주시며
또 여러 부처님이 이루신
일체 지혜의 길도 보여 주셨습니다.

제가 생각해 보니 선지식은
부처님 공덕의 창고라
잠깐잠깐마다 허공과 같은
공덕 바다를 능히 내십니다.

저에게 바라밀다를 주시고
저의 헤아릴 수 없는 복을 늘게 하며
저의 깨끗한 공덕을 자라게 하여
부처님의 비단 관을 저에게 주셨습니다.

제가 또 생각하니 선지식은
능히 부처님의 지혜를 만족하고
항상 의지할 것을 서원하여
깨끗한 법을 원만하게 합니다.

저는 이런 것을 말미암아
공덕을 모두 구족하고
널리 모든 중생을 위하여
일체 지혜의 도를 연설합니다.

거룩하신 분께서 저의 스승이 되어

저에게 위없는 법을 주시니

한량없고 수없는 겁에도

그 은혜를 다 갚을 수 없습니다.

2017년 11월 1일

신라 화엄종찰 금정산 범어사

如天 無比

대방광불화엄경 목차

제1권	1. 세주묘엄품世主妙嚴品 [1]		제18권	18. 명법품明法品
제2권	1. 세주묘엄품世主妙嚴品 [2]		제19권	19. 승야마천궁품昇夜摩天宮品
제3권	1. 세주묘엄품世主妙嚴品 [3]			20. 야마천궁게찬품夜摩天宮偈讚品
제4권	1. 세주묘엄품世主妙嚴品 [4]			21. 십행품十行品 [1]
제5권	1. 세주묘엄품世主妙嚴品 [5]		제20권	21. 십행품十行品 [2]
제6권	2. 여래현상품如來現相品		제21권	22. 십무진장품十無盡藏品
제7권	3. 보현삼매품普賢三昧品		제22권	23. 승도솔천궁품昇兜率天宮品
	4. 세계성취품世界成就品		제23권	24. 도솔궁중게찬품兜率宮中偈讚品
제8권	5. 화장세계품華藏世界品 [1]			25. 십회향품十廻向品 [1]
제9권	5. 화장세계품華藏世界品 [2]		제24권	25. 십회향품十廻向品 [2]
제10권	5. 화장세계품華藏世界品 [3]		제25권	25. 십회향품十廻向品 [3]
제11권	6. 비로자나품毘盧遮那品		제26권	25. 십회향품十廻向品 [4]
제12권	7. 여래명호품如來名號品		제27권	25. 십회향품十廻向品 [5]
	8. 사성제품四聖諦品		제28권	25. 십회향품十廻向品 [6]
제13권	9. 광명각품光明覺品		제29권	25. 십회향품十廻向品 [7]
	10. 보살문명품菩薩問明品		제30권	25. 십회향품十廻向品 [8]
제14권	11. 정행품淨行品		제31권	25. 십회향품十廻向品 [9]
	12. 현수품賢首品 [1]		제32권	25. 십회향품十廻向品 [10]
제15권	12. 현수품賢首品 [2]		제33권	25. 십회향품十廻向品 [11]
제16권	13. 승수미산정품昇須彌山頂品		제34권	26. 십지품十地品 [1]
	14. 수미정상게찬품須彌頂上偈讚品		제35권	26. 십지품十地品 [2]
	15. 십주품十住品		제36권	26. 십지품十地品 [3]
제17권	16. 범행품梵行品		제37권	26. 십지품十地品 [4]
	17. 초발심공덕품初發心功德品		제38권	26. 십지품十地品 [5]

제39권	26. 십지품 十地品 [6]		제58권	38. 이세간품 離世間品 [6]
제40권	27. 십정품 十定品 [1]		제59권	38. 이세간품 離世間品 [7]
제41권	27. 십정품 十定品 [2]		제60권	39. 입법계품 入法界品 [1]
제42권	27. 십정품 十定品 [3]		제61권	39. 입법계품 入法界品 [2]
제43권	27. 십정품 十定品 [4]		제62권	39. 입법계품 入法界品 [3]
제44권	28. 십통품 十通品		제63권	39. 입법계품 入法界品 [4]
	29. 십인품 十忍品		제64권	39. 입법계품 入法界品 [5]
제45권	30. 아승지품 阿僧祇品		제65권	39. 입법계품 入法界品 [6]
	31. 여래수량품 如來壽量品		제66권	39. 입법계품 入法界品 [7]
	32. 보살주처품 菩薩住處品		제67권	39. 입법계품 入法界品 [8]
제46권	33. 불부사의법품 佛不思議法品 [1]		제68권	39. 입법계품 入法界品 [9]
제47권	33. 불부사의법품 佛不思議法品 [2]		제69권	39. 입법계품 入法界品 [10]
제48권	34. 여래십신상해품 如來十身相海品		제70권	39. 입법계품 入法界品 [11]
	35. 여래수호광명공덕품 如來隨好光明功德品		제71권	39. 입법계품 入法界品 [12]
			제72권	39. 입법계품 入法界品 [13]
제49권	36. 보현행품 普賢行品		**제73권**	**39. 입법계품 入法界品 [14]**
제50권	37. 여래출현품 如來出現品 [1]		제74권	39. 입법계품 入法界品 [15]
제51권	37. 여래출현품 如來出現品 [2]		제75권	39. 입법계품 入法界品 [16]
제52권	37. 여래출현품 如來出現品 [3]		제76권	39. 입법계품 入法界品 [17]
제53권	38. 이세간품 離世間品 [1]		제77권	39. 입법계품 入法界品 [18]
제54권	38. 이세간품 離世間品 [2]		제78권	39. 입법계품 入法界品 [19]
제55권	38. 이세간품 離世間品 [3]		제79권	39. 입법계품 入法界品 [20]
제56권	38. 이세간품 離世間品 [4]		제80권	39. 입법계품 入法界品 [21]
제57권	38. 이세간품 離世間品 [5]		제81권	40. 보현행원품 普賢行願品

대방광불화엄경 강설 제73권

三十九. 입법계품入法界品 14

【 지말법회의 53선지식 】

【 십지위 선지식 】
39. 대원정진력구호일체중생주야신 ································· 15
　1) 대원정진력구호일체중생주야신을 뵙고 법을 묻다 ··············· 15
　　(1) 대원정진력주야신이 갖가지 몸을 나타내다 ················· 15
　　(2) 공경의 예를 표하고 수승한 마음을 발하다 ················· 20
　　(3) 선재동자가 깊이 증득하여 보살과 같음을 드러내다 ······ 25
　　(4) 선재동자가 게송으로 찬탄하다 ····························· 45
　2) 대원정진력구호일체중생주야신이 법을 설하다 ··············· 51
　　(1) 법의 요점을 묻다 ··· 51
　　(2) 모든 법의 이와 사에 다 계합하다 ·························· 52
　　(3) 큰 작용이 끝이 없어 한량없는 육신을 나타내다 ··········· 54

(4) 큰 작용이 깊고 넓음을 결론짓다 ·············· 65
(5) 발심한 시기에 대하여 말하다 ················· 69
　1〉 법의 깊고 깊음을 찬탄하다 ················· 69
　2〉 비유를 들어 밝히다 ························· 71
　3〉 선광겁 때의 부처님 출현을 밝히다 ········ 82
　4〉 선왕이 나라를 다스리다 ···················· 84
　5〉 대원정진력주야신의 본사를 설하다 ········ 86
　6〉 옛일과 지금의 일을 모아서 밝히다 ······· 106
　7〉 출가하여 법을 얻다 ······················· 117
　8〉 부처님을 뵙고 수행하다 ··················· 118
　9〉 일광겁 때의 수행을 밝히다 ················ 125
　10〉 수행한 시간과 장소를 모두 맺다 ········ 132
(6) 대원정진력주야신이 게송으로 거듭 설하다 ········ 133
　1〉 옛 부처님 출현을 밝히다 ·················· 133
　2〉 선복 태자의 수행한 인연 ··················· 136
　3〉 출가하여 부처님을 섬기다 ················· 141
　4〉 때와 장소를 모두 맺다 ···················· 142
　5〉 법 얻음을 설하다 ·························· 144
3) 자기는 겸손하고 다른 이의 수승함을 추천하다 ········ 152
4) 다음 선지식 찾기를 권유하다 ····················· 154

대방광불화엄경 강설
제73권
三十九. 입법계품 14

문수지남도 제39. 선재동자가 대원정진력구호일체중생주야신을 친견하다.

39. 대원정진력구호일체중생주야신
大願精進力救護一切衆生主夜神

제8 부동지不動地 선지식

1) 대원정진력구호일체중생주야신을 뵙고 법을 묻다

(1) 대원정진력주야신이 갖가지 몸을 나타내다

_{이시} _{선재동자}_{왕대원정진력구호일체}
爾時에 **善財童子**가 **往大願精進力救護一切**

_{중생야신소} _{견피야신} _{재대중중} _{좌보현}
衆生夜神所하야 **見彼夜神**이 **在大衆中**하사 **坐普現**

_{일체궁전마니왕장사자지좌} _{보현법계국토}
一切宮殿摩尼王藏獅子之座하사 **普現法界國土**

_{마니보망} _{미부기상}
摩尼寶網으로 **彌覆其上**하고

그때에 선재동자는 대원정진력구호일체중생야신大願

精進力救護一切衆生夜神에게 나아갔습니다. 그 주야신을 보니 대중들 가운데서 모든 궁전 나타내는 마니장 사자좌에 앉았는데 법계의 국토를 두루 나타내는 마니 그물이 그 위에 덮여 있었습니다.

현일월성수영상신　　　　현수중생심　　보령
現日月星宿影像身하시며 **現隨衆生心**하야 **普令**
득견신　　　현등일체중생형상신　　　　현무변
得見身하시며 **現等一切衆生形相身**하시며 **現無邊**
광대색상해신　　　현보현일체위의신
廣大色相海身하시며 **現普現一切威儀身**하시며

해와 달과 별들의 그림자인 몸을 나타내고, 중생들의 마음을 따라 모두 볼 수 있는 몸을 나타내고, 모든 중생의 형상과 평등한 몸을 나타내고, 그지없이 광대한 빛깔 바다의 몸을 나타내고, 온갖 위의를 널리 나타내는 몸을 나타내었습니다.

먼저 대원정진력구호일체중생주야신이 갖가지 몸을 나타내는 것을 밝혔다. 청량淸涼스님이 소疎에서 해석하시기를,

"현일월現日月 이하는 특별히 몸의 모습을 나타내었는데 24의 몸이 있다. 처음 열 가지 몸은 근기에 응하여 섭수하고 교화하는 몸이고, 다음 현일체불소現一切佛所 아래 여섯 가지 몸은 법에 응하여 행을 성취하는 몸이고, 나머지는 장애를 떠나서 이치에 계합하는 몸이다."[1] 라고 하였다.

現普於十方示現身하시며 現普調一切衆生身하시며 現廣運速疾神通身하시며 現利益衆生不絕身하시며 現常遊虛空利益身하시며

시방에 두루 나타내는 몸을 나타내고, 모든 중생을 두루 조복하는 몸을 나타내고, 빠른 신통을 널리 부리는 몸을 나타내고, 중생들을 이익하게 하여 끊이지 않는 몸을 나타내고, 항상 허공에 다니면서 이익하게 하

---

1) 【現日月】下, 別顯身相. 有二十四身 : 初十卽應機攝化身. 次【現一切佛所】下六身, 是應法成行身. 餘是離障契理身.

는 몸을 나타내었습니다.

現一切佛所頂禮身하시며 現修習一切善根身하시며 現受持佛法不忘身하시며 現成滿菩薩大願身하시며 現光明充滿十方身하시며

여러 부처님 계신 데서 예배하는 몸을 나타내고, 모든 착한 뿌리를 닦는 몸을 나타내고, 부처님 법을 받아 지니고 잊지 않는 몸을 나타내고, 보살의 큰 서원을 이루는 몸을 나타내고, 광명이 시방에 가득한 몸을 나타내었습니다.

現法燈普滅世暗身하시며 現了法如幻淨智身하시며 現遠離塵暗法性身하시며 現普智照法明了

신　　　 현구경무환무열신
　　　　身하시며 **現究竟無患無熱身**하시며

　법의 등불로 세상의 어둠을 두루 없애는 몸을 나타
내고, 법이 환술과 같음을 아는 깨끗한 지혜의 몸을 나
타내고, 티끌의 어둠을 멀리 여의는 법의 성품 몸을 나
타내고, 넓은 지혜로 법을 비추어 분명히 아는 몸을 나
타내고, 끝까지 병환이 없고 열이 없는 몸을 나타내었
습니다.

　　　　현불가저괴견고신　　　 현무소주불력신
　　　　現不可沮壞堅固身하시며 **現無所住佛力身**하시며
　　현무분별이염신　　　 현본청정법성신
　　現無分別離染身하시며 **現本淸淨法性身**이러라

　깨뜨릴 수 없는 견고한 몸을 나타내고, 머무는 데가
없는 부처님 힘의 몸을 나타내고, 분별이 없이 때를 여
의는 몸을 나타내고, 본래 청정한 법의 성품 몸을 나타
내었습니다.

선지식의 이름이 대원정진력구호일체중생주야신大願精進力
救護一切衆生主夜神이다. 즉 큰 서원과 정진의 힘으로 일체 중생
을 모두 구호하는 주야신 선지식이다. 일체 중생을 모두 다
구호하려면 우선 필요로 하는 것이 중생들의 근기와 수준에
알맞은 모습을 나타내는 능력이다. 그래서 여러 가지 몸을
나타내 보인 것이다. 만약 몸을 이와 같이 나타낼 수 있다면
어떤 중생인들 구호하지 못하겠는가.

(2) 공경의 예를 표하고 수승한 마음을 발하다

時에 善財童子가 見如是等佛刹微塵數差別身하고 一心頂禮하야 擧體投地라가 良久乃起하야 合掌瞻仰하고 於善知識에 生十種心하니

이때에 선재동자는 이와 같은 세계의 티끌 수와 같
이 차별한 몸을 보고, 한결같은 마음으로 엎드려 절하
고 몸을 땅에 던졌다가 얼마 만에 일어나서 합장하고

우러러보며 선지식에게 열 가지 마음을 내었습니다.

何^하等^등이 爲^위十^십고 所^소謂^위於^어善^선知^지識^식에 生^생同^동己^기心^심이니

令^영我^아精^정勤^근하야 辦^판一^일切^체智^지助^조道^도法^법故^고며

무엇이 열 가지입니까. 이른바 선지식에게 내 몸과 같은 마음을 내나니, 저로 하여금 부지런히 노력하여 일체 지혜의 도를 돕는 법을 마련하게 하는 연고며,

於^어善^선知^지識^식에 生^생淸^청淨^정自^자業^업果^과心^심이니 親^친近^근供^공養^양하야

生^생善^선根^근故^고며

선지식에게 자기의 업과 과보를 깨끗이 하는 마음을 내나니, 가까이 모시고 공양하여 착한 뿌리를 내는 연고며,

어선지식　생장엄보살행심　　영아속능장
於善知識에 **生莊嚴菩薩行心**이니 **令我速能莊**

엄일체보살행고
嚴一切菩薩行故며

　선지식에게 보살의 행을 장엄하는 마음을 내나니, 저로 하여금 모든 보살의 행을 빨리 장엄하게 하는 연고며,

　　어선지식　　생성취일체불법심　　유회어아
於善知識에 **生成就一切佛法心**이니 **誘誨於我**

　영수도고
하야 **令修道故**며

　선지식에게 모든 부처님 법을 성취하는 마음을 내나니, 저를 가르쳐서 도道를 닦게 하는 연고며,

　　어선지식　　생능생심　　능생어아무상법고
於善知識에 **生能生心**이니 **能生於我無上法故**며

　선지식에게 능히 내는 마음을 내나니, 저에게 위없

는 법을 능히 내는 연고며,

어선지식 생출리심   영아수행보현보살
於善知識에 生出離心이니 令我修行普賢菩薩

소유행원   이출리고
所有行願하야 而出離故며

선지식에게 벗어난다는 마음을 내나니, 저로 하여금 보현보살의 행과 원을 수행하여 벗어나게 하는 연고며,

어선지식   생구일체복지해심   영아적집
於善知識에 生具一切福智海心이니 令我積集

제백법고
諸白法故며

선지식에게 온갖 복과 지혜의 바다를 갖추게 하는 마음을 내나니, 저로 하여금 여러 가지 좋은 법을 쌓게 하는 연고며,

於善知識에 生增長心이니 令我增長一切智故며

선지식에게 더욱 자라게 한다는 마음을 내나니, 저로 하여금 일체 지혜를 더욱 자라게 하는 연고며,

於善知識에 生具一切善根心이니 令我志願으로 得圓滿故며

선지식에게 모든 착한 뿌리를 갖추었다는 마음을 내나니, 저로 하여금 소원을 원만하게 하는 연고며,

於善知識에 生能成辦大利益心이니 令我自在하야 安住一切菩薩法故며 成一切智道故며 得一切佛法故니 是爲十이니라

선지식에게 큰 이익을 마련한다는 마음을 내나니, 저로 하여금 모든 보살의 법에 자유로이 편안히 머물게 하는 연고와, 일체 지혜의 길을 이루게 하는 연고와, 모든 부처님 법을 얻게 하는 연고이니, 이것이 열입니다.

선재동자는 대원정진력주야신 선지식이 여러 가지 몸을 나타내는 것을 보고는 한결같은 마음으로 엎드려 절하고 몸을 땅에 던져 예배를 올렸다. 그러고는 선지식에게 내 몸과 같은 마음과, 자기의 업과 과보를 깨끗이 하는 마음과, 보살의 행을 장엄하는 마음 등 열 가지 수승한 마음을 내었다.

(3) 선재동자가 깊이 증득하여 보살과 같음을 드러내다

發是心已에 得彼夜神과 與諸菩薩이 佛刹微塵
數同行하니라

이런 마음을 내고는 저 주야신과 모든 보살과 더불

어 세계의 미진수같이 많은 행과 같음을 얻었습니다.

선재동자는 대원정진력주야신 선지식이 여러 가지 몸을 나타내는 것을 보고는 깊이 엎드려 예배하고 열 가지 수승한 마음을 내었다. 그러고는 저 주야신 선지식과 모든 보살과 더불어 세계의 미진수같이 많은 행과 같음[同行]을 얻었다.

그리고 아래에 84가지의 같음을 설하였는데 청량스님은 그것을 네 가지로 분류하여 밝혔다. "같음에는 네 가지 뜻이 있다. 첫째는 인人과 법法이 둘이 없으니 일체 법계와 같고, 둘째는 원인과 결과가 둘이 없으니 일체 모든 부처님과 같고, 셋째는 자신과 타인이 둘이 없으니 일체 보살과 같고, 넷째는 염染과 정淨이 둘이 없으니 일체 중생과 같다."[2] 라고 하였다.

인人은 주관이고 법法은 객관이다. 곧 나와 남이다. 이것이 보리수나무 밑에서 정각을 이룬 화엄경의 안목에서는 둘이 아니고 하나이므로 일체 법계와 같은 것이다. 또 원인은

---

2) 同有四義: 一, 人法無二. 與一切法界同. 二, 因果無二. 與一切諸佛同. 三, 自他無二. 與一切菩薩同. 四, 染淨無二. 與一切衆生同.

중생이고 결과는 부처님이지만 마음과 부처님과 중생, 이 셋이 차별이 없다는 견해에서는 일체 모든 부처님과 같다. 또 자신도 타인도 화엄경에서는 둘이 있을 수 없어서 모두가 보살이다. 그리고 물든 세계나 청정한 세계가 화엄경에서는 모두가 다이아몬드로 이루어져 있어서 중생과 더불어 동일하다.

소위동념 심상억념시방삼세일체불고
所謂同念이니 **心常憶念十方三世一切佛故**며

동혜 분별결료일체법해차별문고 동취 능
同慧니 **分別決了一切法海差別門故**며 **同趣**니 **能**

전일체제불여래묘법륜고
轉一切諸佛如來妙法輪故며

이른바 생각함이 같으니 마음으로 항상 시방삼세 모든 부처님을 기억하여 생각하는 연고며, 지혜가 같으니 모든 법 바다의 차별한 문을 분별하여 결정하는 연고며, 나아감이 같으니 일체 모든 부처님 여래의 미묘한 법륜을 능히 굴리는 연고며,

동각   이등공지   보입일체삼세간고   동
同覺이니 以等空智로 普入一切三世間故며 同
근   성취보살청정광명지혜근고   동심   선
根이니 成就菩薩淸淨光明智慧根故며 同心이니 善
능 수 습 무 애 공 덕   장 엄 일 체 보 살 도 고
能修習無礙功德하야 莊嚴一切菩薩道故며

깨달음이 같으니 허공과 같은 지혜로 모든 세 가지 세간에 널리 들어가는 연고며, 근기가 같으니 보살의 청정한 광명의 지혜 뿌리를 성취하는 연고며, 마음이 같으니 걸림이 없는 공덕을 잘 닦아서 모든 보살의 도를 장엄하는 연고입니다.

선재동자는 이제 84가지 같음을 설하는 중에 보살들과 생각이 같고, 지혜가 같고, 나아감이 같고, 깨달음이 같고, 근기가 같고, 마음이 같아졌다. 그 까닭은 청량스님이 밝힌 이치와 같다. 그래서 그 같음을 계속하여 낱낱이 밝혀 나간다.

同境이니 普照諸佛所行境故며 同證이니 得一切
智하야 照實相海淨光明故며 同義니 能以智慧로 了
一切法眞實性故며

경계가 같으니 모든 부처님의 행하시는 경계를 널리 비추는 연고며, 증득함이 같으니 일체 지혜로 실상의 바다를 비추는 깨끗한 광명을 얻는 연고며, 이치가 같으니 능히 지혜로써 모든 법의 진실한 성품을 아는 연고며,

同勇猛이니 能壞一切障礙山故며 同色身이니 隨
衆生心하야 示現身故며 同力이니 求一切智하야 不
退轉故며

용맹함이 같으니 모든 장애의 산을 능히 깨뜨리는

연고며, 육신이 같으니 중생의 마음을 따라 몸을 나타내는 연고며, 힘이 같으니 일체 지혜를 구해서 물러나지 않는 연고며,

同無畏_니 其心淸淨_{하야} 如虛空故_며 同精進_{이니}
於無量劫_에 行菩薩行_{호대} 無懈倦故_며 同辯才_니
得法無礙智光明故_며

두려움 없음이 같으니 마음이 청정하기가 허공과 같은 연고며, 정진이 같으니 한량없는 겁에 보살의 행을 행하여 게으르지 않은 연고며, 변재가 같으니 법에 걸림 없는 지혜의 광명을 얻는 연고입니다.

同無等_{이니} 身相淸淨_{하야} 超世間故_며 同愛語_니

영일체중생　　개환희고　　동묘음　　보연일체
令一切衆生으로 **皆歡喜故**며 **同妙音**이니 **普演一切**

법문해고
法門海故며

　평등할 이 없음이 같으니 몸매가 청정하여 세간에서 뛰어난 연고며, 사랑스러운 말이 같으니 모든 중생들에게 다 기뻐하게 하는 연고며, 묘한 음성이 같으니 모든 법문 바다를 두루 연설하는 연고며,

동만음　　일체중생　　수류해고　　동정덕
同滿音이니 **一切衆生**이 **隨類解故**며 **同淨德**이니

수습여래정공덕고　　동지지　　일체불소　　수법
修習如來淨功德故며 **同智地**니 **一切佛所**에 **受法**

륜고
輪故며

　원만한 음성이 같으니 모든 중생들이 제 나름으로 아는 연고며, 깨끗한 덕이 같으니 여래의 깨끗한 공덕을 닦아 익히는 연고며, 지혜의 지위가 같으니 모든 부처님 계신 데서 법륜을 받는 연고입니다.

同梵行이니 安住一切佛境界故며 同大慈니 念念普覆一切國土衆生海故며 同大悲니 普雨法雨하야 潤澤一切諸衆生故며

청정한 행이 같으니 모든 부처님의 경계에 편안히 머무는 연고며, 크게 인자함이 같으니 생각마다 모든 국토의 중생 바다를 널리 덮는 연고며, 크게 가엾이 여김이 같으니 법의 비를 널리 내려서 일체 모든 중생을 윤택하게 하는 연고며,

同身業이니 以方便行으로 教化一切諸衆生故며 同語業이니 以隨類音으로 演說一切諸法門故며 同意業이니 普攝衆生하야 置一切智境界中故며

몸으로 짓는 업이 같으니 방편의 행으로 일체 모든

중생을 교화하는 연고며, 말[語]로 짓는 업이 같으니 종류를 따르는 음성으로 모든 법문을 연설하는 연고며, 뜻으로 짓는 업이 같으니 중생들을 두루 포섭하여 일체지혜의 경계 속에 두는 연고입니다.

同莊嚴이니 嚴淨一切諸佛刹故며 **同親近**이니 有**佛出世**에 皆親近故며 **同勸請**이니 請一切佛轉法輪故며

장엄함이 같으니 일체 모든 부처님 세계를 깨끗이 장엄하는 연고며, 친근함이 같으니 부처님이 세상에 나시면 모두 가까이 모시는 연고며, 권하여 청함이 같으니 모든 부처님께 청하여 법륜을 굴리게 하는 연고며,

同供養이니 常樂供養一切佛故며 **同敎化**니 調

伏一切諸衆生故며 同光明이니 照了一切諸法門

故며

공양함이 같으니 항상 모든 부처님께 공양하기를 좋아하는 연고며, 교화함이 같으니 일체 모든 중생을 조복하는 연고며, 광명이 같으니 일체 모든 법문을 밝게 비추는 연고입니다.

同三昧니 普知一切衆生心故며 同充徧이니 以自在力으로 充滿一切諸佛刹海하야 修諸行故며 同住處니 住諸菩薩大神通故며

삼매가 같으니 모든 중생의 마음을 널리 아는 연고며, 두루 가득함이 같으니 자재한 힘으로 일체 모든 부처님의 세계 바다에 충만하여 모든 행을 닦는 연고며, 머무는 곳이 같으니 모든 보살의 큰 신통에 머무는 연고며,

同眷屬이니 一切菩薩로 共止住故며 同入處니 普入世界微細處故며 同心慮니 普知一切諸佛刹故며

권속이 같으니 모든 보살들과 함께 있는 연고며, 들어가는 곳이 같으니 세계의 미세한 곳에 두루 들어가는 연고며, 마음으로 생각함이 같으니 일체 모든 부처님의 세계를 널리 아는 연고입니다.

同往詣니 普入一切佛刹海故며 同方便이니 悉現一切諸佛刹故며 同超勝이니 於諸佛刹에 皆無比故며

나아감이 같으니 모든 부처님 세계 바다에 두루 들어가는 연고며, 방편이 같으니 일체 모든 부처님 세계를 다 나타내는 연고며, 훌륭하게 뛰어남이 같으니 여러 부처님 세계에서 모두 견줄 데가 없는 연고며,

同_동不_불退_퇴니 普_보入_입十_시方_방호대 無_무障_장礙_애故_고며 同_동破_파暗_암이니

得_득一_일切_체佛_불成_성菩_보提_리智_지大_대光_광明_명故_고며 同_동無_무生_생忍_인이니 入_입

一_일切_체佛_불衆_중會_회海_해故_고며

물러나지 않음이 같으니 시방에 두루 들어가되 걸림이 없는 연고며, 어둠을 깨뜨림이 같으니 모든 부처님의 보리의 지혜를 이루시는 큰 광명을 얻는 연고며, 생사 없는 지혜가 같으니 모든 부처님의 대중이 모인 바다에 들어가는 연고입니다.

同_동徧_변이니 一_일切_체諸_제佛_불刹_찰網_망에서 恭_공敬_경供_공養_양不_불可_가說_설刹_찰

諸_제如_여來_래故_고며 同_동智_지證_증이니 了_요知_지彼_피彼_피法_법門_문海_해故_고며 同_동

修_수行_행이니 順_순行_행一_일切_체諸_제法_법門_문故_고며

두루 함이 같으니 일체 모든 부처님의 세계 그물에서 말할 수 없는 세계의 모든 여래에게 공경하고 공양하는 연고며, 지혜를 증득함이 같으니 그들의 법문 바다를 분명히 아는 연고며, 수행함이 같으니 일체 모든 법문을 따라 행하는 연고며,

同希求니 於淸淨法에 深樂欲故며 同淸淨이니 集佛功德하야 而以莊嚴身口意故며 同妙意니 於一切法에 智明了故며

바라고 구함이 같으니 청정한 법을 매우 좋아하는 연고며, 청정함이 같으니 부처님의 공덕을 모아 몸과 입과 뜻을 장엄하는 연고며, 묘한 뜻이 같으니 온갖 법을 지혜로 분명히 아는 연고입니다.

同精進이니 普集一切諸善根故며 同淨行이니 成滿一切菩薩行故며 同無礙니 了一切法皆無相故며

정진이 같으니 일체 모든 착한 뿌리를 두루 모으는 연고며, 깨끗한 행이 같으니 모든 보살의 행을 만족하게 이루는 연고며, 걸림 없음이 같으니 모든 법이 모양이 없음을 아는 연고며,

同善巧니 於諸法中에 智自在故며 同隨樂이니 隨衆生心하야 現境界故며 同方便이니 善習一切所應習故며

교묘함이 같으니 모든 법에 지혜가 자재한 연고며, 따라 좋아함이 같으니 중생의 마음을 따라 경계를 나타

내는 연고며, 방편이 같으니 모든 익힐 것을 잘 익히는 연고입니다.

同護念이니 得一切佛所護念故며 同入地니 得
入一切菩薩地故며 同所住니 安住一切菩薩位故며

보호하여 염려함이 같으니 모든 부처님의 보호하여 염려하실 것을 얻는 연고며, 지위에 들어감이 같으니 모든 보살의 지위에 들어가게 되는 연고며, 머무를 바가 같으니 모든 보살의 자리에 편안히 머무는 연고며,

同記莂이니 一切諸佛이 授其記故며 同三昧니 一
刹那中에 普入一切三昧門故며 同建立이니 示現
種種諸佛事故며

수기授記함이 같으니 일체 모든 부처님이 수기를 주시는 연고며, 삼매가 같으니 한 찰나 동안에 모든 삼매문三昧門에 두루 들어가는 연고며, 세우는 것이 같으니 가지가지 모든 부처님 일을 나타내 보이는 연고입니다.

同正念_{이니} 正念一切境界門故_며 同修行_{이니} 盡未來劫_{토록} 修行一切菩薩行故_며 同淨信_{이니} 於諸如來無量智慧_에 極欣樂故_며

바르게 생각함이 같으니 모든 경계의 문을 바르게 생각하는 연고며, 수행함이 같으니 오는 세월이 끝나도록 모든 보살의 행을 수행하는 연고며, 깨끗한 믿음이 같으니 모든 여래의 한량없는 지혜를 매우 좋아하는 연고며,

同捨離_니 滅除一切諸障礙故_며 同不退智_니 與

諸如來智慧等故ᄆ며 同受生이니 應現成熟諸衆生
故ᄆ며

버리는 것이 같으니 일체 모든 장애를 소멸하여 없애는 연고며, 물러나지 않는 지혜가 같으니 모든 여래의 지혜와 평등한 연고며, 태어남이 같으니 세상을 응하여 나타나서 모든 중생을 성숙하게 하는 연고입니다.

同所住니 住一切智方便門故ᄆ며 同境界니 於法界境에 得自在故ᄆ며 同無依니 永斷一切所依心故ᄆ며

머무는 바가 같으니 일체 지혜의 방편문에 머무는 연고며, 경계가 같으니 법계의 경계에 자재함을 얻는 연고며, 의지할 데 없음이 같으니 모든 의지하려는 마음을 영원히 끊는 연고며,

同說法이니 已入諸法平等智故며 同勤修니 常

蒙諸佛所護念故며 同神通이니 開悟衆生하야 令修

一切菩薩行故며

   법을 설함이 같으니 모든 법의 평등한 지혜에 이미 들어간 연고며, 부지런히 닦음이 같으니 항상 모든 부처님들의 보호하여 염려하심을 입는 연고며, 신통이 같으니 중생을 깨우쳐서 모든 보살의 행을 닦게 하는 연고입니다.

同神力이니 能入十方世界海故며 同陀羅尼니 普

照一切總持海故며 同秘密法이니 了知一切修多

羅中妙法門故며

   신통한 힘이 같으니 시방의 세계 바다에 능히 들어

가는 연고며, 다라니가 같으니 모든 다라니 바다를 두루 비추는 연고며, 비밀한 법이 같으니 모든 經경의 묘한 법문을 아는 연고며,

동심심법　　해일체법여허공고　　동광명
同甚深法이니 **解一切法如虛空故**며 **同光明**이니
보조일체제세계고　동흔락　　수중생심　　이
普照一切諸世界故며 **同欣樂**이니 **隨衆生心**하야 **而**
위개시　　영환희고
爲開示하야 **令歡喜故**며

매우 깊은 법이 같으니 모든 법이 허공과 같음을 이해하는 연고며, 광명이 같으니 일체 모든 세계를 두루 비추는 연고며, 기뻐서 좋아함이 같으니 중생의 마음을 따라 열어 보이어 기쁘게 하는 연고입니다.

동진동　　위제중생　　현신통력　　보동시
同震動이니 **爲諸衆生**하야 **現神通力**하야 **普動十**

방일체찰고 동불허 견문억념 개실영기심
方一切刹故며 **同不虛**니 **見聞憶念**에 **皆悉令其心**

조복고 동출리 만족일체제대원해 성취
調伏故며 **同出離**니 **滿足一切諸大願海**하야 **成就**

여래십력지고
如來十力智故니라

  진동함이 같으니 모든 중생에게 신통한 힘을 나타내어 시방의 모든 세계를 널리 진동시키는 연고며, 헛되지 않음이 같으니 보고 듣고 기억함이 모두 그들의 마음을 조복하는 연고며, 벗어남이 같으니 일체 모든 큰 서원 바다를 만족하여 여래의 열 가지 힘의 지혜를 성취하는 연고입니다.

  선재동자는 대원정진력주야신 선지식을 친견하고 나서 선지식이 여러 가지 몸을 나타내는 것을 보고는 깊이 엎드려 예배하였다. 그러고는 열 가지 수승한 마음을 내었다. 열 가지 수승한 마음을 내는 순간 곧 저 주야신 선지식과 또 모든 보살과 더불어 세계의 미진수와 같이 많은 행과 같음[同行]을 얻었다. 모두 84가지이다. 지금까지 84가지 같음을 낱낱이 열거하여 밝혔다. 마지막에는 벗어남이 같으니 일체 모든 큰 서원 바다를 만족하여 여래의 열 가지 힘의 지혜를 성취한다고 하였다. 여래의 열 가지 힘의 지혜를 성취한다는 것은 곧 여래와 같아졌다는 뜻이다. 선재동자의 법이 이와 같다는 것이다.

(4) 선재동자가 게송으로 찬탄하다

時에 **善財童子**가 **觀察大願精進力救護一切衆**
시   선재 동자   관찰 대원 정 진 력 구 호 일 체 중

生夜神하고 **起十種淸淨心**하야 **獲如是等佛刹微**
생 야 신   기 십 종 청 정 심   획 여 시 등 불 찰 미

塵數同菩薩行하니라 **旣獲此已**에 **心轉淸淨**하야 **偏**
진 수 동 보 살 행   기 획 차 이   심 전 청 정   편

袒右肩하며 **頂禮其足**하며 **一心合掌**하고 **以偈讚曰**
단 우 견   정 례 기 족   일 심 합 장   이 게 찬 왈

이때에 선재동자는 대원정진력구호일체중생야신을 살펴보고 열 가지 청정한 마음을 일으키며, 이와 같은 세계의 미진수같이 많은 보살과 같은 행을 얻었습니다.

이러한 것을 얻고 나서는 마음이 더욱 청정하여 오른쪽 어깨를 드러내며 그의 발에 절하고 일심으로 합장하여 게송을 말하였습니다.

<blockquote>

아 발 견 고 의
我發堅固意하야

지 구 무 상 각
志求無上覺일새

금 어 선 지 식
今於善知識에

이 기 자 기 심
而起自己心이로다

</blockquote>

저는 견고한 뜻을 내어
위없는 깨달음을 구하려고
지금 선지식에게
저의 이러한 마음을 내었습니다.

<blockquote>

이 견 선 지 식
以見善知識일새

집 무 진 백 법
集無盡白法하야

멸 제 중 죄 구
滅除衆罪垢하고

성 취 보 리 과
成就菩提果로다

</blockquote>

선지식을 보기만 하면

그지없이 깨끗한 법을 모으며
여러 가지 죄를 소멸하여 없애고
보리의 열매를 이루게 됩니다.

아 견 선 지 식　　　공 덕 장 엄 심
我見善知識하고　　**功德莊嚴心**하니

진 미 래 찰 겁　　　근 수 소 행 도
盡未來刹劫토록　　**勤修所行道**로다

저는 선지식을 친견하고
공덕으로 마음을 장엄하니
오는 세계의 겁이 다하도록
행할 바 도를 부지런히 닦으렵니다.

아 념 선 지 식　　　섭 수 요 익 아
我念善知識이　　**攝受饒益我**하사

위 아 실 시 현　　　정 교 진 실 법
爲我悉示現　　　**正敎眞實法**이로다

제가 생각하니 선지식께서

저를 거두어 이익하게 하며
바른 가르침의 진실한 법을
저에게 다 보여 주셨습니다.

관폐제악취
關閉諸惡趣하고

현시인천로
顯示人天路하며

역시제여래
亦示諸如來의

성일체지도
成一切智道로다

나쁜 길은 닫아 버리고
인간과 천상의 길을 보여 주시며
또 여러 부처님이 이루신
일체 지혜의 길도 보여 주셨습니다.

아념선지식
我念善知識이

시불공덕장
是佛功德藏이라

염념능출생
念念能出生

허공공덕해
虛空功德海하사

제가 생각해 보니 선지식은

부처님 공덕의 창고라
잠깐잠깐마다 허공과 같은
공덕 바다를 능히 내십니다.

여 아 바 라 밀　　　　증 아 난 사 복
與我波羅蜜하며　　**增我難思福**하며

장 아 정 공 덕　　　　영 아 관 불 증
長我淨功德하며　　**令我冠佛繒**이로다

저에게 바라밀다를 주시고
저의 헤아릴 수 없는 복을 늘게 하며
저의 깨끗한 공덕을 자라게 하여
부처님의 비단 관을 저에게 주셨습니다.

아 념 선 지 식　　　　능 만 불 지 도
我念善知識이　　　**能滿佛智道**하시니

서 원 상 의 지　　　　원 만 백 정 법
誓願常依止하야　　**圓滿白淨法**이로다

제가 또 생각하니 선지식은

능히 부처님의 지혜를 만족하고
항상 의지할 것을 서원하여
깨끗한 법을 원만하게 합니다.

아 이 차 등 고
我以此等故로

공 덕 실 구 족
功德悉具足하니

보 위 제 중 생
普爲諸衆生하야

설 일 체 지 도
說一切智道로다

저는 이런 것을 말미암아
공덕을 모두 구족하고
널리 모든 중생을 위하여
일체 지혜의 도를 연설합니다.

성 자 위 아 사
聖者爲我師하야

여 아 무 상 법
與我無上法하시니

무 량 무 수 겁
無量無數劫에

불 능 보 기 은
不能報其恩이로다

거룩하신 분께서 저의 스승이 되어

저에게 위없는 법을 주시니
한량없고 수없는 겁에도
그 은혜를 다 갚을 수 없습니다.

선재동자는 대원정진력주야신을 처음 친견했을 때 갖가지 몸을 나타내는 것을 보았다. 그 몸들을 낱낱이 살펴보고는 열 가지 청정하고 수승한 마음을 일으키고 다시 미진수같이 많은 보살과 같은 행을 얻었다. 이러한 것을 얻고 나서는 마음이 더욱 청정하여져서 이 주야신 선지식을 위와 같이 찬탄하게 된 것이다.

2) 대원정진력구호일체중생주야신이 법을 설하다

(1) 법의 요점을 묻다

이시 선재 설차게이 백언 대성 원
爾時에 **善財**가 **說此偈已**하고 **白言**호대 **大聖**하 **願**

위아설 차해탈문 명위하등 발심이래
爲我說하소서 **此解脫門**이 **名爲何等**이며 **發心已來**

위 기 시 야　　구 여　　당 득 아 뇩 다 라 삼 먁 삼 보 리
가 **爲幾時耶**며 **久如**에 **當得阿耨多羅三藐三菩提**
니잇고

그때에 선재동자가 이 게송을 설하고 나서 다시 물었습니다. "크게 거룩하신 이여, 바라옵건대 저를 위하여 말씀하여 주십시오. 이 해탈문의 이름은 무엇이며, 발심하신 지는 얼마나 오래되었으며, 어느 때에 아뇩다라삼먁삼보리를 얻게 됩니까?"

(2) 모든 법의 이理와 사事에 다 계합하다

　야 신　　고 언　　　선 남 자　　차 해 탈 문　　명 교 화
夜神이 **告言**하되 **善男子**야 **此解脫門**이 **名敎化**

중 생 영 생 선 근　　아 이 성 취 차 해 탈 고　　오 일 체
衆生令生善根이니 **我以成就此解脫故**로 **悟一切**

법 자 성 평 등　　　입 어 제 법 진 실 지 성　　증 무 의
法自性平等하며 **入於諸法眞實之性**하며 **證無依**

법　　　사 리 세 간　　실 지 제 법 색 상 차 별　　역 능
法하야 **捨離世間**하며 **悉知諸法色相差別**하며 **亦能**

요달청황적백　성개부실　　무유차별
了達青黃赤白이 **性皆不實**하야 **無有差別**이니라

　　주야신이 말하였습니다. "선남자여, 이 해탈문의 이름은 '중생을 교화하여 착한 뿌리를 내게 함'입니다. 저는 이 해탈을 성취하였으므로 모든 법의 자체 성품이 평등함을 깨달았고, 모든 법의 진실한 성품에 들어가 의지함이 없는 법을 증득하였으며, 세간을 여의었으면서도 모든 법의 모양이 차별함을 다 알고, 또한 능히 푸르고, 누르고, 붉고, 흰 것의 성품이 모두 실답지 아니하여 차별이 없는 것도 분명히 통달하였습니다."

　　대원정진력주야신 선지식이 법을 설하는데 먼저 자신이 얻은 해탈문의 이름을 밝혔다. 그리고 그 해탈문은 모든 법의 이理와 사事에 다 계합하여 중도中道를 실현함을 설명하였다. 즉 일체 법의 자성은 세간을 떠났음을 알지만 또한 모든 법의 현상과 모양을 다 알고 그것은 본성이 진실하지도 않고 차별이 없음을 다 안다고 하였다.

(3) 큰 작용이 끝이 없어 한량없는 육신을 나타내다

而恒示現無量色身하노니 **所謂種種色身**과 **非**
이항시현무량색신   소위종종색신   비

一色身과 **無邊色身**과 **淸淨色身**과 **一切莊嚴色身**
일색신   무변색신   청정색신   일체장엄색신

과 **普見色身**과 **等一切衆生色身**과 **普現一切衆生**
  보견색신   등일체중생색신   보현일체중생

前色身과 **光明普照色身**과 **見無厭足色身**과
전색신   광명보조색신   견무염족색신

"그러나 항상 한량없는 모양의 육신을 나타내나니, 이른바 갖가지 육신과, 하나가 아닌 육신과, 그지없는 육신과, 청정한 육신과, 모든 것으로 장엄한 육신과, 널리 보는 육신과, 모든 중생과 같은 육신과, 여러 중생의 앞에 널리 나타나는 육신과, 광명이 널리 비추는 육신과, 보기에 싫지 않은 육신입니다."

대원정진력주야신 선지식이 얻은 해탈의 내용은 모든 법의 이理와 사事에 다 계합하여 큰 작용이 끝이 없기 때문에 일체 법의 자성은 세간을 떠났음을 알지만 또한 모든 법의 현상과 모양을 다 안다. 이것이 또한 중도적 견해이다. 또 모

든 법의 현상과 모양은 그것이 본성이 진실하지도 아니하여 차별이 없음을 다 알지만 그러나 또한 한량없는 몸을 나타내 보이기도 한다. 이것이 큰 작용이 끝이 없어서 한량없는 몸을 나타내 보이는 이치이다.

청량스님은 소疏에서 한량없는 육신을 나타내는 내용에 대해, "다음에 '항상 한량없는 육신을 나타내 보인다.'는 그 아래는 큰 작용이 끝이 없음을 밝혔다. 간략히 98가지의 육신을 나타내었다. 처음과 뒤는 맺음을 표하였으므로 곧 일백의 몸이 된다. 기신론 등에서는 팔지八地에는 육신이 자재한 경지에 해당함을 밝혔다. 그러므로 여기에서 육신을 널리 분별하였다."[3]라고 하였다.

相好淸淨色身과 離衆惡光明色身과 示現大勇猛色身과 甚難得色身과 一切世間無能映蔽

---

3) 次【而恆示現無量色身】下, 明大用無涯. 略顯九十八種色身. 并初後標結, 即為百身. 起信等論明八地當色自在地. 故此廣辨色身.

색신 일체세간공칭탄무진색신 염념상관
色身과 **一切世間共稱歎無盡色身**과 **念念常觀**

찰색신 시현종종운색신 종종형현색색신
察色身과 **示現種種雲色身**과 **種種形顯色色身**과

현무량자재력색신
現無量自在力色身과

 "잘생긴 모습이 청정한 육신과, 모든 악을 여의고 빛나는 육신과, 큰 용맹을 나타내는 육신과, 매우 얻기 어려운 육신과, 모든 세간에서 가릴 이 없는 육신과, 모든 세간에서 함께 칭찬하여 다함이 없는 육신과, 잠깐잠깐마다 항상 관찰하는 육신과, 갖가지 구름을 나타내는 육신과, 갖가지 형상으로 빛을 나타내는 육신과, 한량없이 자재한 힘을 나타내는 육신입니다."

  묘광명색신 일체정묘장엄색신 수순성
 妙光明色身과 **一切淨妙莊嚴色身**과 **隨順成**

숙일체중생색신 수기심락현전조복색신 무
熟一切衆生色身과 **隨其心樂現前調伏色身**과 **無**

장애보광명색신   청정무탁예색신   구족장엄
障礙普光明色身과 淸淨無濁穢色身과 具足莊嚴

불가괴색신   부사의법방편광명색신   무능영
不可壞色身과 不思議法方便光明色身과 無能映

탈일체색신   무제암파일체암색신
奪一切色身과 無諸暗破一切暗色身과

"묘한 광명이 있는 육신과, 온갖 것으로 깨끗하고 묘하게 장엄한 육신과, 모든 중생을 따라서 성숙하게 하는 육신과, 그 마음의 좋아함을 따라서 앞에 나타나서 조복하는 육신과, 걸림 없이 널리 빛나는 육신과, 청정하고 더럽지 않은 육신과, 장엄을 구족하여 무너뜨릴 수 없는 육신과, 부사의한 법의 방편으로 빛나는 육신과, 온갖 것으로 가릴 수 없는 육신과, 어두움이 없어 모든 어둠을 깨뜨리는 육신입니다."

집일체백정법색신   대세력공덕해색신   종
集一切白淨法色身과 大勢力功德海色身과 從

과거공경인소생색신   여허공청정심소생색
過去恭敬因所生色身과 如虛空淸淨心所生色

신　최승광대색신　무단무진색신　광명해색
身과 最勝廣大色身과 無斷無盡色身과 光明海色

신　어일체세간　무소의평등색신　변시방무
身과 於一切世間에 無所依平等色身과 徧十方無

소애색신　염념현종종색상해색신
所礙色身과 念念現種種色相海色身과

"모든 희고 깨끗한 법을 모은 육신과, 큰 세력의 공덕 바다 육신과, 과거에 공경한 원인으로 생긴 육신과, 허공같이 청정한 마음으로 생긴 육신과, 가장 훌륭하고 광대한 육신과, 끊임없고 다함이 없는 육신과, 광명 바다 육신과, 모든 세간에 의지할 데 없고 평등한 육신과, 시방에 두루 하여 걸림 없는 육신과, 잠깐잠깐마다 갖가지 빛깔 바다를 나타내는 육신입니다."

증장일체중생환희심색신　섭취일체중생
增長一切衆生歡喜心色身과 攝取一切衆生

해색신　일일모공중　설일체불공덕해색신
海色身과 一一毛孔中에 說一切佛功德海色身과

淨一切衆生欲解海色身과 決了一切法義色身과

無障礙普照耀色身과 等虛空淨光明色身과 放廣

大淨光明色身과 照現無垢法色身과 無比色身과

"모든 중생의 기쁜 마음을 늘게 하는 육신과, 모든 중생 바다를 거두어들이는 육신과, 낱낱 모공에서 모든 부처님의 공덕 바다를 말하는 육신과, 모든 중생의 욕망과 이해하는 바다를 깨끗이 하는 육신과, 모든 법과 이치를 분명히 아는 육신과, 장애 없이 널리 비추는 육신과, 허공과 같은 깨끗한 광명 육신과, 넓고 크고 깨끗한 광명을 놓는 육신과, 때 없는 법을 비추어 나타내는 육신과, 견줄 데 없는 육신입니다."

差別莊嚴色身과 普照十方色身과 隨時示現

應衆生色身과 寂靜色身과 滅一切煩惱色身과 一

체중생복전색신 일체중생견불허색신 대지
切衆生福田色身과 一切衆生見不虛色身과 大智

혜용맹력색신 무장애보주변색신 묘신운보
慧勇猛力色身과 無障礙普周徧色身과 妙身雲普

현세간개몽익색신
現世間皆蒙益色身과

"차별하게 장엄한 육신과, 시방을 두루 비추는 육신과, 때를 따라 나타나서 중생에게 응해 주는 육신과, 고요한 육신과, 모든 번뇌를 없앤 육신과, 모든 중생의 복밭인 육신과, 모든 중생의 봄이 헛되지 않은 육신과, 큰 지혜의 용맹한 힘인 육신과, 거리낌 없이 두루 가득한 육신과, 묘한 몸 구름이 널리 나타나 세간이 모두 이익을 받는 육신입니다."

구족대자해색신 대복덕보산왕색신 방
具足大慈海色身과 大福德寶山王色身과 放

광명보조세간일체취색신 대지혜청정색신
光明普照世間一切趣色身과 大智慧淸淨色身과

生衆生正念心色身과 一切寶光明色身과 普光藏色身과 現世間種種淸淨相色身과 求一切智處色身과 現微笑令衆生生淨信色身과

"큰 자비 바다를 구족한 육신과, 큰 복덕 보배 산왕 육신과, 광명을 놓아 세간의 온갖 길을 비추는 육신과, 큰 지혜 청정한 육신과, 중생의 바른 생각을 내는 육신과, 모든 보배 광명 육신과, 넓은 광명 갈무리 육신과, 세간의 갖가지 청정한 모양을 나타내는 육신과, 일체 지혜의 처소를 구하는 육신과, 미소를 나타내어 중생에게 깨끗한 믿음을 내게 하는 육신입니다."

一切寶莊嚴光明色身과 不取不捨一切衆生色身과 無決定無究竟色身과 現自在加持力色身

과 現一切神通變化色身과 生如來家色身과 遠離
衆惡徧法界海色身과 普現一切如來道場衆會
色身과 具種種衆色海色身과 從善行所流色身과

"모든 보배로 장엄한 광명 육신과, 모든 중생을 취하지도 않고 버리지도 않는 육신과, 결정도 없고 끝닿은 데도 없는 육신과, 자재하게 가지加持하는 힘을 나타내는 육신과, 모든 신통변화를 나타내는 육신과, 여래의 가문에 태어나는 육신과, 모든 악을 멀리 여의고 법계바다에 두루 하는 육신과, 모든 여래의 도량에 모인 회중에 두루 나타나는 육신과, 갖가지 빛깔 바다를 구족한 육신과, 착한 행으로부터 흘러나오는 육신입니다."

隨所應化示現色身과 一切世間見無厭足色
身과 種種淨光明色身과 現一切三世海色身과 放

一切光明海色身과 現無量差別光明海色身과

超諸世間一切香光明色身과 現不可說日輪雲色身과 現廣大月輪雲色身과 放無量須彌山妙華雲色身과

"교화할 이를 따라 나타내는 육신과, 모든 세간에서 보아도 싫은 줄 모르는 육신과, 갖가지 깨끗한 광명 육신과, 모든 세 세상 바다를 나타내는 육신과, 모든 광명 바다를 놓는 육신과, 한량없이 차별한 광명 바다를 나타내는 육신과, 모든 세간의 일체 향기 광명을 뛰어넘는 육신과, 말할 수 없는 해 바퀴 구름을 나타내는 육신과, 광대한 달 바퀴 구름을 나타내는 육신과, 한량없는 수미산의 묘한 꽃 구름을 놓은 육신입니다."

出種種鬘雲色身과 現一切寶蓮華雲色身과 興

일체소향운변법계색신   산일체말향장운색
一切燒香雲徧法界色身과 散一切末香藏雲色

신   현일체여래대원신색신   현일체어언음성
身과 現一切如來大願身色身과 現一切語言音聲

연법해색신   현보현보살상색신
演法海色身과 現普賢菩薩像色身이니라

"갖가지 화만 구름을 내는 육신과, 모든 보배 연꽃 구름을 나타내는 육신과, 모든 사르는 향 구름을 일으켜 법계에 두루 하는 육신과, 모든 가루 향 갈무리 구름을 흩는 육신과, 모든 여래의 큰 서원의 몸을 나타내는 육신과, 모든 말과 음성으로 법의 바다를 연설함을 나타내는 육신과, 보현보살의 형상을 나타내는 육신입니다."

대원정진력주야신 선지식은 '중생을 교화하여 착한 뿌리를 내게 함[敎化衆生令生善根]'이라는 해탈문을 얻어서 모든 법의 자체 성품이 평등함을 깨달았고, 모든 법의 진실한 성품에 들어가 의지함이 없는 법 등을 증득하여 큰 작용이 끝이 없어 한량없는 육신을 나타내게 된 것을 밝혔다.

(4) 큰 작용이 깊고 넓음을 결론짓다

念念中에 現如是等色相身하야 充滿十方하야 令諸衆生으로 或見或念하며 或聞說法하며 或因親近하며 或得開悟하며 或見神通하며 或覩變化하야 悉隨心樂하야 應時調伏하야 捨不善業하고 住於善行케하니라

"잠깐잠깐마다 이러한 색상의 육신을 나타내어 시방에 가득하여 모든 중생들로 하여금 혹 보거나 생각하거나 혹 법문 설함을 듣거나 혹 가까이 모시거나 혹 깨달음을 얻거나 혹 신통을 보거나 혹 변화를 보게 하여 마음에 좋아함을 따라 때에 응하여 조복하여 착하지 못한 업을 버리고 착한 행에 머물게 하였습니다."

끝없는 큰 작용으로 순간순간마다 온갖 색상의 육신을 나타내어 시방에 가득하여 모든 중생들로 하여금 혹 보거나 생각하거나 법문 설함을 듣고 착하지 못한 업은 버리고

착한 행에 머물게 하였다.

善男子야 當知此由大願力故며 一切智力故며 菩薩解脫力故며 大悲力故며 大慈力故로 作如是事니라

"선남자여, 마땅히 아십시오. 이것은 큰 원력을 말미암은 연고며, 일체 지혜의 힘인 연고며, 보살의 해탈한 힘인 연고며, 크게 가엾이 여기는 힘인 연고며, 크게 인자한 힘인 연고로 이와 같은 일을 지었습니다."

여러 가지로 중생을 교화하고 조복할 수 있게 된 것은 첫째 큰 원력의 힘이 있기 때문이다. 또한 원력이 있어도 존재의 일체 실상을 꿰뚫어 아는 지혜의 힘이 있어야 한다. 또 보살의 해탈의 힘이 있어야 하고, 무엇보다 크게 가엾이 여기는 힘이 있어야 하고, 크게 인자한 힘이 있어야 한다.

善男子야 我入此解脫에 了知法性이 無有差別호대 而能示現無量色身하야 一一身에 現無量色相海하며 一一相에 放無量光明雲하며 一一光에 現無量佛國土하며 一一土에 現無量佛興世하며 一一佛에 現無量神通力하야

"선남자여, 저는 이 해탈에 들어서 법의 성품이 차별이 없음을 알면서도 한량없는 육신을 능히 나타내 보이며, 낱낱 몸마다 한량없는 색상 바다를 나타내고, 낱낱 색상에서 한량없는 광명 구름을 놓고, 낱낱 광명에서 한량없는 부처님의 국토를 나타내고, 낱낱 국토에 한량없는 부처님이 출현하심을 나타내며, 낱낱 부처님이 한량없는 신통한 힘을 나타냅니다."

開發衆生의 宿世善根하야 未種者로 令種하며 已種者로 令增長하며 已增長者로 令成熟하야 念念中에 令無量衆生으로 於阿耨多羅三藐三菩提에 得不退轉케호라

"중생들의 지난 세상에 지은 착한 뿌리를 열어 내나니 심지 못한 이는 심게 하고, 이미 심은 이는 자라게 하고, 이미 자란 이는 성숙하게 하고, 잠깐잠깐 동안에 한량없는 중생으로 하여금 아뇩다라삼먁삼보리에서 물러나지 않게 하였습니다."

대원정진력주야신 선지식은 한량없는 육신을 능히 나타내 보이며, 낱낱 몸마다 한량없는 색상 바다를 나타내고, 낱낱 색상에서 한량없는 광명 구름을 놓으면서 중생들이 숙세에 지은 선근을 드러나게 한다. 아직 선근을 심지 못한 이는 심게 하고, 이미 심은 이는 자라게 하고, 이미 자란 이는

성숙하게 한다. 그래서 궁극에는 한량없는 중생들로 하여금 무상정각에서 물러나지 않게 한다.

(5) 발심한 시기에 대하여 말하다

1〉 법의 깊고 깊음을 찬탄하다

善男子야 如汝所問하야 從幾時來로 發菩提心이며 修菩薩行고한 如是之義는 承佛神力하야 當爲汝說호리라

"선남자여, 그대가 묻기를 '언제부터 보리심을 내어 보살의 행을 닦았습니까?'라고 한 이와 같은 이치를 부처님의 신통한 힘을 받들어 마땅히 그대를 위하여 설하겠습니다."

善男子야 菩薩智輪이 遠離一切分別境界하야

不可以生死中長短染淨廣狹多少인 如是諸劫으로 分別顯示니

"선남자여, 보살의 지혜 바퀴는 모든 분별하는 경계를 멀리 여의었으므로 생사 중에 있는 길고 짧고, 물들고 깨끗하고, 넓고 좁고, 많고 적은 이와 같은 모든 겁으로는 분별하여 나타내 보일 수 없습니다."

何以故오 菩薩智輪이 本性淸淨하야 離一切分別網하며 超一切障礙山하야 隨所應化하야 而普照故니라

"왜냐하면 보살의 지혜 바퀴는 본래의 성품이 깨끗하여 모든 분별의 그물을 여의고, 모든 장애의 산을 초월하였지마는 교화할 만한 이를 따라서 널리 비추는 연고입니다."

앞에서 선재동자가 주야신 선지식에게 언제부터 보리심을 내어 보살행을 닦았는가에 대해서 질문한 것에 대해 이제 자세히 설명하려 한다. 그러나 보살이 보리심을 발하고 보살행을 행하여 얻은 지혜는 시간성과 공간성을 멀리 초월한 경지이므로 생멸의 마음으로 헤아리는 것으로는 알 수 없다. 즉 "생사 중에 있는 길고 짧고, 물들고 깨끗하고, 넓고 좁고, 많고 적은 이와 같은 모든 겁으로는 분별하여 나타내 보일 수 없다."고 하였다. 아래에 그것을 여러 가지 비유를 들어 밝힌다.

2) 비유를 들어 밝히다

善男子야 譬如日輪이 無有晝夜로대 但出時名晝요 沒時名夜인달하야 菩薩智輪도 亦復如是하야 無有分別하며 亦無三世로대 但隨心現하야 教化衆生일새 言其止住前劫後劫이니라

"선남자여, 비유컨대 해는 낮과 밤이 없지마는 뜨는 때를 낮이라 하고 지는 때를 밤이라 합니다. 보살의 지혜 바퀴도 또한 그와 같아서 분별도 없고 또한 세 세상도 없지마는 교화를 받을 중생이 마음에 나타남을 따라 머물러 있는 것을 말하여 앞의 겁과 뒤의 겁이라 합니다."

보리심은 모든 시간과 모든 공간을 초월한 존재라는 것을 여러 가지 비유를 들어 밝히는 가운데 가장 먼저 해는 낮과 밤이 없지만 해가 뜨는 때를 낮이라 하고 해가 지는 때를 밤이라 하는 것에 비유하였다. 보살의 보리심 지혜도 그와 같아서 분별도 없고 과거 현재 미래도 없지만 중생들을 교화하기 위해서 앞의 시간과 뒤의 시간을 말하는 것이다. 즉 진여자성 보리심은 본래로 모든 시간과 모든 공간을 초월하여 존재하지만 중생을 위해서 모든 시간과 모든 공간을 분별하여 말하기도 한다. 보살의 보리심 지혜를 본래로 존재하는 진여자성을 확연히 깨달아 자유자재로 활용하는 이치와 같이 이해하면 될 것이다.

선남자 비여일륜 주염부공 기영 실현
善男子야 譬如日輪이 住閻浮空에 其影이 悉現

일체보물 급이하해제정수중 일체중생
一切寶物과 及以河海諸淨水中이어든 一切衆生이

막불목견 이피정일 불래지차
莫不目見호대 而彼淨日은 不來至此인달하야

"선남자여, 비유컨대 해가 염부제의 허공에 떴을 적에 그 그림자가 모든 보물이나 강과 바다의 맑은 물에 나타나는 것을 모든 중생들이 눈으로 다 보지마는 그러나 저 해는 여기에 오는 것이 아닙니다."

보살지륜 역부여시 출제유해 주불실
菩薩智輪도 亦復如是하야 出諸有海하고 住佛實

법 적정공중 무유소의 위욕화도제중생
法하야 寂靜空中에 無有所依호대 爲欲化度諸衆生

고 이어제취 수류수생 실불생사 무소
故로 而於諸趣에 隨類受生이나 實不生死하며 無所

염착 무장단겁 제상분별
染着하며 無長短劫과 諸想分別이니

"보살의 지혜 바퀴도 또한 그와 같아서 생사과보의 바다[諸有海]에서 벗어나 부처님의 참된 법의 고요하고 공한 가운데 머물러서 의지한 데가 없거니와, 모든 중생을 교화하기 위하여 여러 길에서 여러 종류로 태어나지마는 실제로는 나지도 않고 죽지도 않고 물들지도 않으며, 긴 세월과 짧은 세월이라는 온갖 생각의 분별도 없습니다."

진여자성 그 자체인 보살의 보리심 지혜는 본래로 생기는 것도 아니고 소멸하는 것도 아니며 더러운 것도 아니고 청정한 것도 아니지만 중생들을 교화하기 위해서 온갖 생멸변화를 나타내 보인다. 마치 태양을 곳곳에서 모든 중생들이 다 같이 보지만 그 태양은 오고 가는 것이 아닌 것과 같다.

何以故_오 菩薩_이 究竟離心想見一切顚倒_{하고}
得眞實見_{하야} 見法實性_{하며} 知一切世間_이 如夢如

幻하야 無有衆生이언마는 但以大悲大願力故로 現衆生前하야 敎化調伏이니라

"왜냐하면 보살은 모든 뒤바뀐 생각과 소견을 끝까지 여의고 진실한 견해를 얻어 법의 참성품을 보았으므로 모든 세간이 꿈과 같고 환술과 같아서 중생이 없는 줄을 알지마는 다만 큰 자비와 큰 원력으로 중생들 앞에 나타나서 교화하고 조복합니다."

보리심 지혜를 증득한 보살은 일체 전도몽상을 멀리 여의었다. 전도몽상을 멀리 여읜 경지에서 보면 중생은 본래로 텅 비어 공한 존재이다. 중생이 본래로 텅 비어 공한 존재인 줄 알면서 큰 자비와 큰 원력으로 그 공한 중생들을 부지런히 교화한다.

佛子야 譬如船師가 常以大船으로 於河流中에

불의차안　　불착피안　　　부주중유　　이도중
不依此岸하며 不着彼岸하며 不住中流하고 而度衆

생　　　무유휴식
生호대 無有休息인달하야

"불자여, 비유컨대 뱃사공이 항상 큰 배를 타고 강 가운데 있어서 이 언덕을 의지하지도 않고, 저 언덕에 닿지도 않고, 가운데 머물지도 않으면서 중생들을 건네주기를 쉬지 아니합니다."

　　　보살마하살　　역부여시　　이바라밀선　　어
菩薩摩訶薩도 亦復如是하야 以波羅蜜船으로 於

생사류중　불의차안　　불착피안　　부주중류
生死流中에 不依此岸하며 不着彼岸하며 不住中流

　이도중생　　　무유휴식　　　수무량겁　수보
하고 而度衆生호대 無有休息하나니 雖無量劫에 修菩

살행　　미증분별겁수장단
薩行이나 未曾分別劫數長短이니라

"보살마하살도 또한 그와 같아서 바라밀다의 배를 가지고 생사의 흐름에 있어서 이 언덕을 의지하지도 않고, 저 언덕에 닿지도 않고, 가운데 머물지도 않으면서 중생 제도하기를 쉬지 아니합니다. 비록 한량없는 겁에 보살행을 닦으면서 일찍이 겁의 길고 짧음을 분별하지 아니합니다."

　보리심 지혜를 증득한 보살은 생사의 언덕에 머물지도 않고, 열반의 언덕에 머물지도 않고, 또한 그 중간에 있지도 않으면서 쉬지 않고 중생들을 제도한다. 그래서 보살은 생사를 초월하였으나 일부러 생사를 받아 다시 태어나며, 열반을 증득하였으나 결코 열반에 머물러 있지 않는다. 더 이상 생사하는 것을 끝내고 열반 속에 빠져 있는 소승 아라한을 마군이라고 비판하는 이유가 곧 이것이다.

　　　불자　　여태허공　　일체세계　　어중성괴
　　　佛子야 **如太虛空**이 **一切世界**가 **於中成壞**호대

이무분별　　본성청정　　무염무란　　　무애무
而無分別하야 **本性淸淨**하야 **無染無亂**하며 **無礙無**

염　　비장비단　　진미래겁　　지일체찰
厭하며 **非長非短**이라 **盡未來劫**토록 **持一切刹**인달하야

"불자여, 마치 큰 허공은 모든 세계가 그 속에서 이루어지고 무너지지만 그러나 분별이 없어서 본 성품이 청정하여 물들지도 않고 어지럽지도 않고, 걸림도 없고 만족함도 없으며, 길지도 않고 짧지도 아니하여 오는 세월이 끝나도록 모든 세계를 유지하고 있습니다."

菩薩摩訶薩_도 亦復如是_{하야} 以等虛空界廣大深心_{으로} 起大願風輪_{하야} 攝諸衆生_{하야} 令離惡道_{하고} 生諸善趣_{하며} 悉令安住一切智地_{하야} 滅諸煩惱生死苦縛_{호대} 而無憂喜疲厭之心_{이니라}

"보살마하살도 또한 그와 같아서 허공과 같이 넓고 크고 깊은 마음으로 큰 서원의 바람둘레를 일으키어 모든 중생을 거두어 주는데, 나쁜 길을 여의고 모든 착한 길에 나게 하며 일체 지혜의 자리에 모두 머물게 하여 모든 번뇌와 생사 고통의 속박을 없애지마는 근심하거나 기뻐하거나 고달파하는 마음이 없습니다."

　　보살이 증득한 보리심 지혜는 마치 큰 허공과 같다. 허공과 같은 보리심 지혜에서 큰 서원의 바람둘레를 일으키어 모든 중생들을 거두어 준다. 그러나 허공에는 아무런 흔적이 없듯이 보살의 보리심 지혜에도 근심하거나 기뻐하거나 고달파하는 마음이 없다.

　　　선남자　여환화인　지체수구　이무입식
　　善男子야 **如幻化人**이 **肢體雖具**나 **而無入息**과
　급이출식　한열기갈　우희생사십종지사
　及以出息과 **寒熱饑渴**과 **憂喜生死十種之事**인달하야

　　"선남자여, 마치 요술로 만든 사람이 몸과 사지를 비록 갖추었지마는 숨을 들이쉬고 내쉬고, 차고 덥고, 굶주리고 목마르고, 근심하고 기뻐하고, 나고 죽는 열 가지 일이 없습니다."

보살마하살 역부여시 이여환지평등법
菩薩摩訶薩도 **亦復如是**하야 **以如幻智平等法**

신 현중색상 어제유취 주무량겁 교
身으로 **現衆色相**하야 **於諸有趣**에 **住無量劫**하야 **敎**

화중생 어생사중일체경계 무흔무염 무
化衆生호대 **於生死中一切境界**에 **無欣無厭**하며 **無**

애무에 무고무락 무취무사 무안무포
愛無恚하며 **無苦無樂**하며 **無取無捨**하며 **無安無怖**
하니라

"보살마하살도 또한 그와 같아서 환술 같은 지혜와 평등한 법의 몸으로써 여러 가지 모습을 나타내어 모든 업보의 길[諸有趣]에서 한량없는 겁을 지나면서 중생을 교화하지마는 죽고 사는 모든 경계에 대하여 기쁨도 없고 싫음도 없고, 사랑함도 없고 성냄도 없으며, 괴로움도 없고 즐거움도 없고, 가짐도 없고 버림도 없으며, 편안함도 없고 공포함도 없습니다."

부처님이나 보살들은 지혜와 자비를 쓰되 환술과 같은 지혜와 자비를 쓴다고 하였다. 즉 지혜와 자비를 쓰되 씀이 없이 쓰며, 씀이 없으나 중생을 교화하기 위하여 크게 쓰는 것이 부처님이나 보살들의 지혜와 자비이다.

佛子야 菩薩智慧가 雖復如是甚深難測이나 我當承佛威神之力하야 爲汝解說하야 令未來世諸菩薩等으로 滿足大願하고 成就諸力케호리라

"불자여, 보살의 지혜가 비록 이와 같이 깊고 깊어 헤아릴 수 없거니와 제가 마땅히 부처님의 위신력을 받들어 그대를 위해 말하여 오는 세상의 모든 보살들로 하여금 큰 서원을 만족하고 모든 힘을 성취하게 할 것입니다."

보살의 보리심 지혜는 비록 이와 같이 깊고 깊어 헤아릴 수 없으나 오는 세상의 모든 보살로 하여금 큰 서원을 만족하고 모든 힘을 성취하게 한다.

3〉 선광겁善光劫 때의 부처님 출현을 밝히다

佛子야 乃往古世에 過世界海微塵數劫하야 有
劫하니 名善光이요 世界는 名寶光이며 於其劫中에 有
一萬佛이 出興于世하시니

"불자여, 지나간 옛적 세계해의 미진수 겁 전에 겁이 있었으니 이름이 선광善光이요, 세계의 이름은 보광寶光이었습니다. 그 겁 동안에 일만 부처님이 세상에 출현하셨습니다."

其最初佛이 號法輪音虛空燈王如來應正等
覺十號圓滿이러니 彼閻浮提에 有一王都하니 名寶
莊嚴이요 其東不遠에 有一大林하니 名曰妙光이며
中有道場하니 名爲寶華라

"그 최초 부처님의 이름은 법륜음허공등왕法輪音虛空燈王 여래 응공 정등각이시며 열 가지 호가 원만하였습니다. 그 염부제에 한 왕도王都가 있으니 이름이 보장엄寶莊嚴이요, 그 동쪽으로 멀지 않은 곳에 큰 숲이 있으니 이름이 묘광妙光이요, 그 숲속에 도량이 있으니 이름이 보화寶華였습니다."

彼道場中에 有普光明摩尼蓮華藏獅子之座어든
時彼如來가 於此座上에 成阿耨多羅三藐三菩提
하사 滿一百年토록 坐於道場하사 爲諸菩薩諸天世
人과 及閻浮提宿植善根已成熟者하야 演說正法
하시니라

"그 도량에 보광명마니연화장사자좌普光明摩尼蓮華藏獅子座가 있었는데 그때에 저 부처님께서 이 사자좌에서 아뇩다라삼먁삼보리를 이루시고, 일백 년 동안 이 도량에 앉아서 모든 보살과 모든 천신과 세상 사람과 염부제에서 착한 뿌리를 심어서 성숙한 이들을 위하여 바른 법을 연설하셨습니다."

옛날 옛날 선광善光이라는 겁 때에 1만 명이나 되는 부처님이 출현하셨는데 그 최초의 부처님은 법륜음허공등왕法輪音虛空燈王이셨다. 이렇게 하여 길고 긴 지난 세월에 있었던 대원정진력주야신의 과거 생의 이야기가 시작된다.

4) 선왕先王이 나라를 다스리다

是時國王이 名曰勝光이니 時世人民이 壽一萬歲라 其中에 多有殺盜婬佚과 忘語綺語와 兩舌惡口와 貪瞋邪見하야 不孝父母하며 不敬沙門婆羅門等할새 時王이 爲欲調伏彼故로 造立囹圄하야 枷鎖

금폐   무량중생   어중수고
禁閉하야 **無量衆生**이 **於中受苦**러니라

"그때에 국왕의 이름은 승광勝光이요, 그때에 세상 사람들의 목숨은 일만 살이었는데, 그 가운데는 살생하고, 훔치고, 음란하고, 방탕하고, 거짓말하고, 비단결 같은 말을 하고, 이간하는 말을 하고, 욕설을 하고, 탐욕이 많고, 성내고, 나쁜 소견 가지고, 부모에게 불효하고, 사문과 바라문을 공경하지 않는 이가 많았으므로 그때의 왕이 그들을 조복하기 위하여 감옥을 만들고 칼[枷]과 고랑과 수갑을 마련하여 한량없는 중생들이 그 속에서 고통을 받았습니다."

이 승광勝光이라는 국왕은 대원정진력주야신이 태자로 있을 때의 선왕이다. 그런데 사람들의 수명은 무려 1만 세나 되는데 그들은 살생과 도적질과 삿된 음행과 망어와 기어와 양설과 악구와 또 탐진치 등 열 가지 악을 마음대로 지으며 부모에게 불효하고 현자를 공경하지도 아니하였다. 국왕은 그들을 감옥에 가두는 등 고통을 주어 그들을 다스리려고 하였다.

5〉대원정진력주야신의 본사本事를 설하다

王有太子하니 名爲善伏이니 端正殊特하야 人所
喜見이요 具二十八大人之相이라

"그 왕의 태자는 이름이 선복善伏이니, 단정하고 매우 빼어나서 사람들이 보기를 좋아하며 스물여덟 가지의 거룩한 모습을 구족하였습니다."

선복善伏이라는 국왕의 태자는 곧 대원정진력주야신의 전신으로서 험악한 세상에서 자비심을 발휘하여 고통받는 사람들을 구원하는 이야기로 전개가 된다.

在宮殿中이라가 遙聞獄囚의 楚毒音聲하고 心懷
傷愍하야 從宮殿出하야 入牢獄中하야

"궁전 중에 있으면서 옥에 갇힌 죄수들이 고통받는 소리를 듣고 가엾은 마음을 이기지 못하여 궁전에서 나와 옥으로 달려가 보았습니다."

견제죄인 추계가쇄 체상연계 치유암
見諸罪人이 杻械枷鎖로 遞相連繫하야 置幽暗
처 혹이화자 혹이연훈 혹피방태 혹
處하야 或以火炙하며 或以煙熏하며 或被榜笞하며 或
조빈할 나형난발 기갈이수 근단골현
遭臏割하며 裸形亂髮하며 飢渴羸瘦하며 筋斷骨現
호규고극
하야 號叫苦劇하고

"모든 죄수들이 고랑에 채워지고 칼에 씌워졌으며 쇠사슬에 서로 묶이어서 캄캄함 속에 갇힌 것을 보니 혹 불에 볶이고, 혹 연기에 쏘이고, 혹 곤장을 맞고, 혹 발을 베이기도 하였으며, 발가벗겨지고 머리카락이 헝클어지고 기갈이 자심하고 몸이 수척하고 근육이 터지고 뼈가 드러나 지독한 고통을 부르짖고 있었습니다."

태자견이   심생비민   이무외성   안위
太子見已에 **心生悲愍**하야 **以無畏聲**으로 **安慰**

지언   여막우뇌   여물수포   아당영여
之言호대 **汝莫憂惱**하며 **汝勿愁怖**하라 **我當令汝**로

실득해탈
悉得解脫케호리라하니라

 "태자가 이를 보고는 슬프고 불쌍한 마음을 내어 두려움이 없는 음성으로 위로하였습니다. '그대들은 걱정하지 말고 두려워하지 말라. 내가 마땅히 그대들을 이 고통에서 벗어나게 하리라.'"

변예왕소   이백왕언   옥중죄인   고독
便詣王所하야 **而白王言**호대 **獄中罪人**이 **苦毒**

난처   원수관유   시이무외
難處하니 **願垂寬宥**하고 **施以無畏**하소서

 "태자는 곧바로 왕이 계신 곳에 가서 여쭙기를 '옥에 갇힌 죄인들이 고통이 막심하오니, 원컨대 관대하게 용서하시어 두려움 없음을 베푸십시오.'라고 하였습니다."

時王이 卽集五百大臣하야 而問之言하사대 是事
云何오 諸臣이 答言호대 彼罪人者는 私竊官物하며
謀奪王位하야 盜入宮闈라 罪應刑戮이니 有哀救者
도 罪亦至死니이다

"그때에 왕이 곧 오백 대신을 모으고 이 일을 어떻게 할까 물으니 대신들은 이렇게 대답하였습니다. '저 죄인들은 관청의 물품을 훔치고, 왕의 자리를 뺏으려 하고, 궁중에 침입하였사오니 그 죄는 응당 죽어 마땅하오며, 만일 구하려는 이가 있으면 그도 사형을 받아야 할 것입니다.'"

時彼太子가 悲心轉切하야 語大臣言호대 如汝所
說이니 但放此人하고 隨其所應하야 可以治我하라 我

위 피고　　일 체 고 사　　실 개 능 수　　　분 신 몰 명
爲彼故로 **一切苦事**를 **悉皆能受**하야 **粉身殞命**이

　무 소 고 석　　요 령 죄 인　　개 득 면 고
라도 **無所顧惜**하고 **要令罪人**으로 **皆得免苦**니라

"그때 태자는 슬픈 마음이 간절하여 대신들에게 말하였습니다. '그대들의 말과 같을진댄 다만 저 사람들은 놓아주고 그들이 받을 형벌로 나를 다스리라. 나는 그들을 위하여 모든 형벌을 다 받을 것이며, 몸이 가루가 되고 목숨이 끊어져도 아낄 것이 없으며, 다만 저 죄인들로 하여금 고통을 면하게 하리라.

　하 이 고　　아 약 불 구 차 중 생 자　　　운 하 능 구 삼
何以故오 **我若不救此衆生者**인댄 **云何能救三**

계 뇌 옥 제 고 중 생
界牢獄諸苦衆生이리오

왜냐하면 내가 만일 이 중생들을 구원하지 못한다면 어떻게 삼계라는 옥중에서 온갖 고통받는 중생을 구원하겠는가.

일체중생　재삼계중　　탐애소박　　우치소
一切衆生이 在三界中하야 貪愛所縛과 愚癡所

폐　　빈무공덕　　　타제악취　　　신형비루　　　제
蔽로 貧無功德하야 墮諸惡趣하며 身形鄙陋하야 諸

근방일
根放逸하며

일체 중생이 삼계 가운데서 탐욕과 애정에 얽매이고 어리석음에 가리어 가난하여 공덕이 없고, 여러 가지 나쁜 길에 떨어져서 몸은 비루하고 모든 기관은 방일하며,

기심미혹　　　불구출도　　　실지혜광　　　낙착
其心迷惑하야 不求出道하며 失智慧光하야 樂着

삼유　　단제복덕　　　멸제지혜　　　종종번뇌
三有하며 斷諸福德하고 滅諸智慧하며 種種煩惱가

탁란기심
濁亂其心하며

그 마음이 미혹하여 나갈 길을 구하지 못하고, 지혜의 빛을 잃어 세 세계를 좋아하며 모든 복덕을 끊고 모

든 지혜를 소멸하였으며, 가지가지 번뇌가 마음을 어지럽게 하고,

주고뇌옥　　입마견망　　생로병사　　우비
住苦牢獄하고 入魔罥網하며 生老病死와 憂悲
뇌해　　여시제고　　상소핍박　　아당운하영피
惱害의 如是諸苦가 常所逼迫이어니 我當云何令彼
해탈　　응사신명　　이발제지
解脫이리오 應捨身命하야 而拔濟之로다

　고통의 옥에 갇히고 마魔의 그물에 들어가 나고 늙고 병들고 죽고 근심하고 슬퍼하고 고뇌하고 해치는 이와 같은 여러 가지 고통이 항상 괴롭히나니, 내가 마땅히 어찌 저들을 해탈케 하리오. 응당 몸과 목숨을 버리어 구제하리라.'"

　보살이 중생을 구제한다는 것은 단순하게 현재에 받는 중생들의 고통만을 없애 주는 것이 아니라 세세생생 욕계와 색계와 무색계의 감옥에서 태어나고 늙고 병들고 죽고 근심

하고 슬퍼하고 고뇌하는 고통에서 영원히 벗어나게 하는 것이 목적이다. 그래서 보살은 중생들을 이 삼계에서 해탈하게 해야 하는데 만약 현재에 받는 고통에서도 그들을 건지지 못한다면 삼계의 고통에서 어떻게 벗어나게 하겠는가. 이것이 대원정진력주야신 선지식의 생각이었다. 그래서 응당 이 몸과 목숨을 버리더라도 그들을 구제하겠다는 서원을 세운 것이다.

時_시諸_제大_대臣_신이 共_공詣_예王_왕所_소하야 悉_실擧_거其_기手_수하고 高_고聲_성
唱_창言_언호대 大_대王_왕하 當_당知_지하소서 如_여太_태子_자意_의인댄 毀_훼壞_괴王_왕法_법
하야 禍_화及_급萬_만人_인이니 若_약王_왕愛_애念_념하야 不_불責_책治_치者_자인댄 王_왕之_지
寶_보祚_조가 亦_역不_불久_구立_립이니이다

 "이때 모든 대신이 함께 왕에게 나아가서 손을 들고 높은 소리로 외쳤습니다. '대왕이시여, 마땅히 아십시

오. 저 태자의 생각은 국법을 깨뜨리고 만민에게 화를 미치게 하려 합니다. 만약 대왕께서 태자를 사랑하고 책벌하지 않으시면 대왕의 지위도 또한 오래도록 보전하지 못할 것입니다.'"

王聞此言_{하시고} 赫然大怒_{하사} 令誅太子_와 及諸罪人_{이러니} 王后聞之_{하시고} 愁憂號哭_{하며} 毀形降服_{하야} 與千婇女_로 馳詣王所_{하야} 擧身投地_{하야} 頂禮王足_{하고} 俱作是言_{호대} 唯願大王_은 赦太子命_{하소서}

"왕은 이 말을 듣고 얼굴을 붉히고 크게 노하여 태자와 모든 죄인을 사형하려 하였습니다. 왕후가 이 일을 듣고는 근심하고 부르짖으며, 초라한 모습과 허름한 의복으로 일천 채녀와 함께 왕이 계신 데 나아가 온몸을 땅에 던지며 왕의 발에 엎드려 절하고 이렇게 말하였습니다. '바라옵건대 대왕이시여, 태자의 목숨을 용서하여 주십시오.'"

왕 즉 회 고　　어 태 자 언　　　막 구 죄 인　　약
王卽廻顧하야 **語太子言**하사대 **莫救罪人**하라 **若**

구 죄 인　　필 당 살 여
救罪人이면 **必當殺汝**라

"왕은 곧 돌아보면서 태자에게 말하였습니다. '죄인들을 구원하려 하지 말라. 만약 죄인을 구원한다면 반드시 그대를 마땅히 죽이리라.'"

이 시 태 자　　위 욕 전 구 일 체 지 고　　위 욕 이 익
爾時太子가 **爲欲專求一切智故**며 **爲欲利益**

제 중 생 고　　위 이 대 비 보 구 섭 고　　기 심 견 고
諸衆生故며 **爲以大悲普救攝故**로 **其心堅固**하야

무 유 퇴 겁　　부 백 왕 언　　원 서 피 죄　　신 당
無有退怯하야 **復白王言**호대 **願恕彼罪**하소서 **身當**

수 륙
受戮호리이다

"그때에 태자는 오로지 일체 지혜를 구하기 위한 연고며, 모든 중생을 이익하게 하기 위한 연고며, 크게 가엾이 여김으로써 널리 구원해 주기 위한 연고로 그 마음이 굳세어지고 물러나거나 겁나는 일이 없어져서 다시 왕에게 여쭈었습니다. '바라옵건대 저들의 죄를 용서하시면 제 몸이 마땅히 사형을 받겠습니다.'"

王言하사대 隨意호리라 爾時에 王后가 白言호대 大王하 願聽太子半月行施하야 恣意修福한 然後治罪하소서 王卽聽許하시다

"왕은 말하기를 '네 뜻대로 하리라.'고 하였습니다. 그때에 왕후가 말하되 '대왕이시여, 태자로 하여금 보름 동안만 보시를 행하여 마음대로 복을 지은 뒤에 죄를 받도록 허락하여 주십시오.'라고 하니, 왕은 곧 그 일을 허락하였습니다."

어머니가 자식을 어여삐 여기는 마음이 잘 나타나 있다. 설사 자식이 죽게 되더라도 보시를 널리 행하여 복이라도 많이 지은 다음에 죽게 되어 다음 생에 태어나서 그 복을 받게 하리라는 마음이다. 사람이 죽으면 그 어떤 것도 다음의 생으로 가져가지 못한다. 그래서 사람들은 수의_{壽衣}를 만들면서 주머니를 만들지 않는 것이다. 악업을 지었든 선업을 지었든 오직 지은 업만이 따라가서 다음 생에 그 과보를 받게 되기 때문이다.

時에 都城北에 有一大園하니 名曰日光이니 是昔
施場이라 太子往彼하야 設大施會하니 飮食衣服과
華鬘瓔珞과 塗香末香과 幢幡寶蓋의 諸莊嚴具를
隨有所求하야 靡不周給이라

"그때 도성의 북쪽에 큰 동산이 있으니 이름이 일광

日光이었습니다. 그곳은 옛적에 보시하던 곳인데 태자는 그곳에 가서 크게 보시하는 모임을 열고, 음식과 의복과 화만과 영락과 바르는 향과 가루 향과 당기幢旗와 번기幡旗와 보배 일산日傘과 모든 장엄거리를 사람들이 달라는 대로 모두 주었습니다."

經_경半_반月_월已_이하야 於_어最_최後_후日_일에 國_국王_왕大_대臣_신과 長_장者_자居_거士_사와 城_성邑_읍人_인民_민과 及_급諸_제外_외道_도가 悉_실來_래集_집會_회러니

"이렇게 보름이 지나서 마지막 날이 되었는데 국왕과 대신과 장자와 거사와 성읍의 백성과 여러 외도들이 모두 모여 왔습니다."

時_시에 法_법輪_륜音_음虛_허空_공燈_등王_왕如_여來_래가 知_지諸_제衆_중生_생의 調_조伏_복時_시至_지하시고 與_여大_대衆_중俱_구호대 天_천王_왕은 圍_위繞_요하며 龍_용王_왕은 供_공

양   야차왕   수호   건달바왕   찬탄
養하며 夜叉王은 守護하며 乾闥婆王은 讚歎하며

"이때에 법륜음허공등왕 여래께서 모든 중생을 조복할 때가 된 줄을 아시고 대중들과 함께 오시는데 천왕은 둘러싸고, 용왕은 공양하고, 야차왕은 수호하고, 건달바왕은 찬탄하고,

아수라왕   곡궁정례   가루라왕   이청정
阿修羅王은 曲躬頂禮하며 迦樓羅王은 以淸淨
심   산제보화   긴나라왕   환희권청   마
心으로 散諸寶華하며 緊那羅王은 歡喜勸請하며 摩
후라가왕   일심첨앙   내입피회
睺羅伽王은 一心瞻仰하야 來入彼會이시늘

아수라왕은 허리를 굽혀 절하고, 가루라왕은 청정한 마음으로 보배 꽃을 흩고, 긴나라왕은 환희하여 권하고, 마후라가왕은 일심으로 우러러보면서 그 모임 가운데로 들어왔습니다."

법륜음허공등왕 여래는 앞에서 이야기한 선광겁善光劫 가

운데 출현하신 1만 부처님 중에 그 최초 부처님이시다. 그 부처님 때에 대원정진력주야신 선지식이 한 나라의 태자로서 보살행을 행하던 이야기가 계속되고 있다.

爾時太子와 及諸大衆이 遙見佛來에 端嚴殊特하사 諸根寂定이 如調順象하며 心無垢濁이 如淸淨池하며 現大神通하며 示大自在하며 顯大威德하며 種種相好로 莊嚴其身하며

"그때에 태자와 모든 대중은 부처님께서 오시는 것을 멀리서 보았습니다. 단정하고 존엄하고 특별하시며 여러 기관이 고요함은 길이 잘 든 코끼리 같고, 마음에 때가 없기는 청정한 연못과 같으며, 큰 신통을 나타내시고, 크게 자재함을 보이시고, 큰 위덕을 나타내시며, 여러 가지 거룩한 모습으로 몸을 장엄하였습니다."

방대광명   보조세계   일체모공   출향염
放大光明하야 普照世界하며 一切毛孔에 出香焰

운   진동시방무량불찰   수소지처   보우
雲하며 震動十方無量佛刹하며 隨所至處하야 普雨

일체제장엄구   이불위의   이불공덕   중생
一切諸莊嚴具하며 以佛威儀와 以佛功德으로 衆生

견자   심정환희   번뇌소멸
見者가 心淨歡喜하야 煩惱消滅하니라

"큰 광명을 놓아 널리 세계를 비추며, 모든 모공으로 향기 불꽃 구름을 내어 시방의 한량없는 세계를 진동시키며, 이르는 곳마다 일체 모든 장엄거리를 비처럼 내리시니, 부처님의 위의와 부처님의 공덕으로 보는 중생들의 마음이 깨끗하고 환희하여 번뇌가 소멸되었습니다."

이시태자   급제대중   오체투지   정례기
爾時太子와 及諸大衆이 五體投地하야 頂禮其

족   안시상좌   합장백언   선래세존   선
足하며 安施牀座하고 合掌白言호대 善來世尊하 善

래선서　　유원애민　　섭수어아　　처우차좌
來善逝하 **唯願哀愍**하사 **攝受於我**하사 **處于此座**
하소서

"그때에 태자와 모든 대중은 오체를 땅에 엎드려 부처님 발에 절하고 평상을 차려 놓고 합장하고 여쭈었습니다. '잘 오시나이다, 세존이시여. 잘 오시나이다, 부처님이시여. 바라옵건대 저희들을 가엾이 여기시어 저희들을 거두어 주시고, 이 자리에 앉으십시오.'"

　　이불신력　　　정거제천　　즉변차좌　　　위향
以佛神力으로 **淨居諸天**이 **卽變此座**하야 **爲香**
마니연화지좌　　불좌기상　　　제보살중　　역
摩尼蓮華之座어늘 **佛坐其上**하시니 **諸菩薩衆**도 **亦**
개취좌　　주잡위요
皆就座하야 **周帀圍繞**하니라

"부처님의 신통한 힘으로 정거천 사람들이 곧 그 자리를 변화하여 향 마니 연화좌를 만드니, 부처님은 그 위에 앉으시고 모든 보살 대중들도 또한 자리에 나아가 둘러앉았습니다."

시 피 회 중   일 체 중 생   인 견 여 래   고 멸 장
時彼會中에 **一切衆生**이 **因見如來**하야 **苦滅障**

제   감 수 성 법
除하니 **堪受聖法**이라

"그때에 모임 가운데 있던 일체 중생은 여래를 친견하고는 괴로움이 소멸하고 장애가 없어져서 거룩한 법을 능히 들을 만하였습니다."

이 시 여 래   지 기 가 화   이 원 만 음   설 수
爾時如來가 **知其可化**하사 **以圓滿音**으로 **說修**

다 라   명 보 조 인 륜   영 제 중 생   수 류 각 해
多羅하시니 **名普照因輪**이라 **令諸衆生**으로 **隨類各解**

케하시니라

"그때에 여래께서는 교화할 시기인 줄을 아시고 원만한 음성으로 경을 말씀하시니, 이름은 보조인륜普照因輪이었습니다. 모든 중생들로 하여금 종류를 따라 각각 이해하게 하였습니다."

시피회중   유팔십나유타중생   원진이구
時彼會中에 **有八十那由他衆生**이 **遠塵離垢**하야

득정법안   무량나유타중생   득무학지   십
得淨法眼하며 **無量那由他衆生**이 **得無學地**하며 **十**

천중생   주대승도   입보현행   성만대원
千衆生이 **住大乘道**하고 **入普賢行**하야 **成滿大願**하니

"그때 그 회중에 있던 팔십 나유타 중생들은 티끌과 때를 멀리 여의고 깨끗한 법의 눈을 얻었고, 한량없는 나유타 중생들은 배울 것 없는 지위를 얻었고, 일만 중생들은 대승大乘의 도道에 머물러서 보현의 행에 들어가 큰 서원을 성취하였습니다."

당이지시   시방각백불찰미진수중생   어
當爾之時하야 **十方各百佛刹微塵數衆生**이 **於**

대승중   심득조복   무량세계일체중생   면
大乘中에 **心得調伏**하며 **無量世界一切衆生**이 **免**

이악취   생어천상   선복태자   즉어차시
離惡趣하고 **生於天上**하며 **善伏太子**가 **卽於此時**에

득 보 살 교 화 중 생 영 생 선 근 해 탈 문
得菩薩敎化衆生令生善根解脫門하니라

"이때를 당하여 시방으로 각각 백 세계의 미진수 중생들은 대승 가운데서 마음이 조복되고, 한량없는 세계의 모든 중생들은 나쁜 길을 여의고 천상에 태어났으며, 선복 태자는 그 즉시로 보살이 중생을 교화하여 착한 뿌리를 내게 하는 해탈문[菩薩敎化衆生令生善根解脫門]을 얻었습니다."

법륜음허공등왕 여래가 출현하시어 거룩하신 위의를 나타내고 또한 보조인륜普照因輪이라는 경을 설하시었다. 그때 그 회중에 있던 팔십 나유타 중생과 한량없는 나유타 중생과 일만 중생과 시방으로 각각 백 세계의 미진수 중생들은 각각 자신들의 수행과 그릇을 따라 큰 이익을 얻었으며, 대원정진력구호일체중생주야신 선지식의 전신인 선복 태자는 그 즉시로 보살이 중생을 교화하여 착한 뿌리를 내게 하는 해탈문을 얻게 되었다.

6) 옛일과 지금의 일을 모아서 밝히다

善**선**男**남**子**자**야 爾**이**時**시**太**태**子**자**가 豈**기**異**이**人**인**乎**호**아 我**아**身**신**이 是**시**也**야**니 我**아**因**인**往**왕**昔**석**에 起**기**大**대**悲**비**心**심**하야 捨**사**身**신**命**명**財**재**하야 救**구**苦**고**衆**중**生**생**하며 開**개**門**문**大**대**施**시**하야 供**공**養**양**於**어**佛**불**하야 得**득**此**차**解**해**脫**탈**호라

"선남자여, 그때의 태자가 어찌 다른 사람이겠습니까. 저의 몸이 그 사람이니, 저는 옛적에 크게 가엾이 여기는 마음을 내어 몸과 목숨과 재물을 버리어서 고통받는 중생들을 구제하였고, 크게 보시하는 문을 열고 부처님께 공양하였으므로 이 해탈을 얻었습니다."

佛**불**子**자**야 當**당**知**지**하라 我**아**於**어**爾**이**時**시**에 但**단**爲**위**利**이**益**익**一**일**切**체**衆**중**生**생**일새 不**불**着**착**三**삼**界**계**하며 不**불**求**구**果**과**報**보**하며 不**불**貪**탐**名**명**稱**칭**하며 不**불**欲**욕**自**자**讚**찬**하야 輕**경**毁**훼**於**어**他**타**하며 於**어**諸**제**境**경**界**계**에 無**무**所**소**貪**탐**染**염**하며

무소포외   단장엄대승출요지도   상락관찰
無所怖畏하고 **但莊嚴大乘出要之道**하며 **常樂觀察**

일체지문   수행고행   득차해탈
一切智門하야 **修行苦行**하야 **得此解脫**호라

"불자여, 마땅히 아십시오. 저는 그때에 다만 일체 중생을 이익되게 하려 하였을 뿐이고, 세 세계에 애착하지도 않고, 과보를 구하지도 않고, 명예를 탐하지도 않고, 자기는 칭찬하고 남을 훼방하지도 않았으며, 모든 경계에 대하여 탐내어 물들지도 않고 두려워함도 없었으며, 다만 대승으로 벗어날 길을 장엄하고, 항상 일체 지혜의 문을 관찰하기를 좋아하면서 고행을 닦아 이 해탈을 얻었습니다."

대원정진력주야신 선지식의 전신인 선복 태자는 그때 일체 중생을 이익되게 하려 하였을 뿐이고, 세 세계에 애착하지도 않고, 과보를 구하지도 않고, 명예를 탐하지도 않는 등의 보살행으로 해탈을 얻었음을 밝혔다.

불자야 어여의운하 피시 오백대신 욕해
佛子야 於汝意云何오 彼時에 五百大臣이 欲害

아자 기이인호 금제바달다등오백도당 시
我者는 豈異人乎아 今提婆達多等五百徒黨이 是

야 시제인등 몽불교화 개당득아뇩다라
也니 是諸人等이 蒙佛敎化하야 皆當得阿耨多羅

삼먁삼보리
三藐三菩提라

 "불자여, 그대는 어떻게 생각합니까. 그때 나를 해하려던 오백 대신이 어찌 다른 사람이겠습니까. 지금의 제바달다의 오백 무리이니, 이 모든 사람들도 부처님의 교화를 받고 다 같이 마땅히 아뇩다라삼먁삼보리를 얻을 것입니다."

 화엄경에 비로소 제바달다의 이야기가 등장하였다. 제바달다提婆達多는 사전에 의하면 범어로 Tevadatta 또는 제바달도提婆達兜·제바달다禘婆達多·제바달提婆達·조달調達 등으로 기록되어 있다. 번역하여 천열天熱·천수天授·천여天與이다. 곡반왕斛飯王의 아들이며, 난타難陀의 아우며, 석존의 사

촌 아우이다. 혹은 백반왕白飯王의 아들이라고도 한다. 석존이 성도한 뒤에 출가하여 제자가 되었다. 어려서부터 욕심이 많아 출가 전에도 실달태자와 여러 가지 일에 경쟁하여 대항한 일이 많았다. 출가 후엔 부처님의 위세를 시기하여 아사세왕과 결탁하고, 부처님을 없애고 스스로 새로운 불교 교단의 지도자가 되려다가 이루지 못했다. 마침내 오백 비구를 규합하여 일파를 따로 세웠다. 그 뒤 아사세왕은 그 당파에서 떠나고, 오백 비구도 부처님에게 다시 돌아왔으므로 제바달다는 고민하던 끝에 죽었다고 한다.

부처님을 없애려고 여러 번 시도했던 사실 때문에 모든 불교도의 원수로 여겨진다. 그래서 불교에서는 가장 심한 욕이 "저 제바달다 같은 놈"이라는 말이다. 부처님과 그와 같은 관계를 부처님의 입장에서는 어떻게 소화하고 해석하여 풀어야 할 것인가가 큰 문제로 등장한다. 법화경法華經에서는 제바달다를 부처님의 선지식이라고 하였으며, 그도 또한 부처님이라고 수기하여 그와의 관계를 풀어 버렸다.

화엄경에서는 제바달다와의 관계를 제바달다뿐만 아니라 그의 오백 명의 제자, 곧 따로 규합하여 새로운 단체를 만들어 부처님께 대항했던 사람들의 숫자까지 들어 가며 미래 세상에 하나하나 다 같이 성불하리라는 수기를 내린다. 이와 같이 하여 만고의 죄인인 제바달다와의 해묵은 원결을 시원하게 풀어 버린다. 대승경전을 결집하고 편찬한 후대의 대승보살들에게는 그 큰 문제를 한 번은 짚어서 해결해야 했던 것이 아닌가 한다.

於未來世에 過須彌山微塵數劫하야 爾時有劫하니 名善光이요 世界는 名寶光이어든 於中成佛하야 其五百佛이 次第興世하리니

"오는 세상에 수미산의 미진수 겁을 지나서 그때에 겁이 있었으니 이름이 선광善光이요, 세계의 이름은 보광寶光이니, 그 가운데서 성불하여 오백 부처님이 차례로 세상에 출현하실 것입니다."

최초여래　　명왈대비　　제이　　명요익세간
最初如來는 **名曰大悲**요 **第二**는 **名饒益世間**이요

제삼　　명대비사자　　제사　　명구호중생　　내
第三은 **名大悲獅子**요 **第四**는 **名救護衆生**이며 **乃**

지최후　　명왈의왕
至最後는 **名曰醫王**이니

"최초의 부처님 이름은 대비大悲이시고, 둘째 부처님 이름은 요익세간饒益世間이시고, 셋째 부처님 이름은 대비사자大悲獅子이시고, 넷째 부처님 이름은 구호중생救護衆生이시며, 내지 최후의 부처님 이름은 의왕醫王이실 것입니다."

수피제불　　대비평등　　연기국토　　종족부
雖彼諸佛이 **大悲平等**이나 **然其國土**와 **種族父**

모　　수생탄생　　출가학도　　왕예도량　　전정법
母와 **受生誕生**과 **出家學道**와 **往詣道場**과 **轉正法**

륜　　설수다라　　어언음성　　광명중회　　수명법
輪과 **說修多羅**와 **語言音聲**과 **光明衆會**와 **壽命法**

주　　급기명호　　각각차별
住와 **及其名號**는 **各各差別**하리라

"비록 저 모든 부처님이 크게 가엾이 여기심이 평등하거니와 그러나 그 국토와 종족과 부모와 생을 받아 탄생하고 출가하여 도를 닦고 도량에 나아가 바른 법륜을 굴리어 경을 설하는 말씀과 음성과 광명과 모인 대중과 수명과 법이 세상에 머무는 일과 그 명호는 각각 다르실 것입니다."

제바달다의 오백 제자가 미래 세상에서 성불하여 오백 명의 부처님이 될 것을 수기하며 일일이 그 이름까지 거론하였다. 천하에 무도하기 이를 데 없는 악인이라고 해서 어찌 불성이 없겠는가. 불성이 있다면 그대로가 이미 부처님인 것이다. 그래서 모든 사람이 다 같이 이대로 부처님이라는 인불사상人佛思想을 크게 주창하는 것이다.

불자 피제죄인 아소구자 즉구류손등현
佛子야 **彼諸罪人**을 **我所救者**는 **卽拘留孫等賢**

겁천불 급백만아승지제대보살 어무량정진
劫千佛과 **及百萬阿僧祇諸大菩薩**이 **於無量精進**

력명칭공덕혜여래소 발아뇩다라삼먁삼보리
力名稱功德慧如來所에 **發阿耨多羅三藐三菩提**

심 금어시방국토 행보살도 수습증장차
心하고 **今於十方國土**에 **行菩薩道**하야 **修習增長此**

보살교화중생영생선근해탈자 시
菩薩敎化衆生令生善根解脫者가 **是**며

"불자여, 제가 구제한 저 죄인들은 곧 구류손拘留孫 등 현겁賢劫의 일천 부처님과 백만 아승지 큰 보살들로서 무량정진력명칭공덕혜無量精進力名稱功德慧 여래에게서 아뇩다라삼먁삼보리심을 내었고, 지금 시방의 국토에서 보살의 도를 행하며 보살이 중생을 교화하여 착한 뿌리를 내게 하는 해탈을 닦아서 증장하게 하는 이들입니다."

구류손불拘留孫佛은 구루손拘樓孫·구루진拘樓秦·가라구타迦羅鳩馱·가라가손제迦羅迦孫提·가라구촌타迦羅鳩忖馱·가라구손타迦羅鳩飡陀·갈라가촌타羯羅迦寸他·구손나拘孫那 등으로도 불린다. 번역하여 성취미묘成就美妙·정결頂結·소응단이단所應斷已斷이라 한다. 과거 7불佛의 한 분이며 현겁賢劫 천불千佛의 한 분이다. 바라문 종족으로서 성은 가섭迦葉이고,

아버지는 예득禮得이며, 어머니는 선지善枝이다. 인수人壽 4만 세 때에 안화성安和城에 태어나서 시리수尸利樹 아래에서 성불하였다. 제1회 설법에 4만의 비구를 교화하였다.

 현겁賢劫은 발타겁跋陀劫·颰陀劫·파타겁波陀劫이라 음역한다. 현시분賢時分·선시분善時分이라 번역하는데 3겁의 하나이다. 세계는 인수人壽 8만4천 세 때부터 백 년을 지낼 때마다 1세씩 줄어들어 인수 10세에 이르고, 여기서 다시 백 년마다 1세씩 늘어나서 인수 8만4천 세에 이르며, 이렇게 1증增 1감減 하는 것을 20회 되풀이하는 동안, 곧 20증감增減하는 동안에 세계가 성립되고[成], 다음 20증감하는 동안에 머물러[住] 있고, 다음 20증감하는 동안에 무너지고[壞], 다음 20증감하는 동안은 텅 비어[空] 있다. 이렇게 세계는 성成·주住·괴壞·공空을 되풀이하니, 이 성·주·괴·공의 4기期를 대겁大劫이라 한다. 과거의 대겁을 장엄겁莊嚴劫, 현재의 대겁을 현겁賢劫, 미래의 대겁을 성수겁星宿劫이라 한다. 현겁의 주겁住劫 때에는 구류손불拘留孫佛·구나함모니불拘那含牟尼佛·가섭불迦葉佛·석가모니불釋迦牟尼佛 등의 1천 부처님이 출현하여 세상 중생을 구제하는데 이렇게 많은 부처님이 출현하는 시기이므로 현겁賢劫이라 이름한다.

時에 勝光王은 今薩遮尼乾子大論師가 是며 時에 王宮人과 及諸眷屬은 卽彼尼乾六萬弟子가 與師俱來하야 建大論幢하고 共佛論議어늘 悉降伏之하야 授阿耨多羅三藐三菩提記者가 是니 此諸人等이 皆當作佛호대 國土莊嚴과 劫數名號가 各各有異하리라

"그때의 승광왕勝光王은 지금의 살차니건자薩遮尼乾子 대논사요, 그때 그 왕궁에 있던 이와 모든 권속은 니건자의 육만 제자로서 스승과 함께 와서 큰 논論의 당기를 세우고 부처님과 의논하다가 항복하여 아뇩다라삼먁삼보리의 수기를 받은 이들이니, 이 모든 사람들도 장래

에 다 부처님을 이룰 것이며, 그 국토의 장엄과 겁의 수와 명호는 각각 다를 것입니다."

살차니건자薩遮尼乾子는 다른 내용은 전하지 않고『대살차니건자소설경大薩遮尼乾子所說經』이라는 경이 있다. 참고로 이 경은 후위後魏시대에 보리유지菩提流支가 520년에 낙도洛都에서 번역하였다. 줄여서『니건자소설경』『살차니건자경』『살차니건자소설경』이라 하며 별칭으로『대살차니건자수기경』『보살경계분신법문경菩薩境界奮迅法門經』이라고도 한다. 모두 12품으로 이루어져 있으며, 부처님께서 보살이 방편바라밀을 잘 배워서 교화할 대상에 맞는 적절한 구제 방법을 사용할 것을 설하시고, 대승법을 설한 대살차니건자에게 수기하신 내용으로 되어 있다. 이 경전에는 아소카왕이 부처님께서 열반에 드신 지 1백 년 뒤에 중생들을 이롭게 하기 위하여 부처님의 사리를 널리 퍼뜨릴 것이라는 예언이 들어 있다.

이렇게 부왕인 아버지 승광왕勝光王의 과거 생과 궁중의 사람과 권속들까지의 과거 생을 현재의 사람들에게 맞추어 설명하였다.

7) 출가하여 법을 얻다

佛子_야 我於爾時_에 救罪人已_에 父母聽我捨離
國土妻子財寶_{어늘} 於法輪音虛空燈王佛所_에 出
家學道_{하고} 五百歲中_에 淨修梵行_{하야} 卽得成就
百萬陀羅尼_와 百萬神通_과 百萬法藏_과 百萬求一
切智勇猛精進_{하야}

"불자여, 저는 그때에 죄인을 구원하고는 부모의 허락을 얻어 국토와 처자와 재물을 버리고 법륜음허공등왕 부처님 계신 데서 출가하여 도를 배우고, 오백 년 동안 범행을 청정하게 닦아서 곧 백만 다라니와 백만 신통과 백만 법장法藏을 성취하고 백만의 일체 지혜를 구하려고 용맹하게 정진하였으며,

정 치 백 만 감 인 문　　　증 장 백 만 사 유 심　　　성
淨治百萬堪忍門하며 **增長百萬思惟心**하며 **成**

취 백 만 보 살 력　　　입 백 만 보 살 지 문　　　득 백 만
就百萬菩薩力하며 **入百萬菩薩智門**하며 **得百萬**

반 야 바 라 밀 문
般若波羅蜜門호라

백만의 견디고 참는 문[堪忍門]을 깨끗하게 다스리고, 백만의 생각하는 마음을 늘게 하고, 백만의 보살의 힘을 성취하고, 백만의 보살 지혜의 문에 들어가 백만의 반야바라밀다문을 얻었습니다."

대원정진력주야신 선지식의 전신인 선복 태자는 드디어 부모의 허락을 받고 법륜음허공등왕 부처님 계신 데서 출가하여 마음껏 수행하게 된 것을 밝혔다.

8) 부처님을 뵙고 수행하다

견 시 방 백 만 제 불　　　생 백 만 보 살 대 원　　　염
見十方百萬諸佛하며 **生百萬菩薩大願**하며 **念**

念中에 十方各照百萬佛刹하며 念念中에 憶念十方世界前後際劫百萬諸佛하며

"시방의 백만 부처님을 뵈옵고, 백만 보살의 큰 원을 내었으며, 생각 생각마다 시방으로 각각 백만의 부처님 세계를 비추고, 생각 생각마다 시방세계의 지난 겁과 오는 겁에 출현하시는 백만 부처님을 기억하고,

念念中에 知十方世界百萬諸佛變化海하며 念念中에 見十方百萬世界所有衆生의 種種諸趣와 隨業所受와 生時死時와 善趣惡趣와 好色惡色하며

생각 생각마다 시방세계의 백만 부처님의 변화 바다를 알고, 생각 생각마다 시방의 백만 세계에 있는 중생들이 가지가지 모든 길에서 업을 따라 태어나는 때와 죽는 때와 착한 길과 나쁜 길과 좋은 모습과 나쁜

모습을 보며,

其諸衆生의 種種心行과 種種欲樂과 種種根性
과 種種業習과 種種成就를 皆悉明了호라

그 모든 중생들의 가지가지 마음과 가지가지 욕망과 가지가지 근성과 가지가지 익힌 업과 가지가지 성취함을 다 분명하게 알았습니다."

선복 태자는 출가한 후에 다시 무수한 부처님을 친견하고 여러 가지 수행을 쌓아서 가지가지를 다 성취하게 되었다.

佛子야 我於爾時命終之後에 還復於彼王家受生하야 作轉輪王하야 彼法輪音虛空燈王如來滅

後에 次卽於此에 値法空王如來하야 承事供養하며

"불자여, 저는 그때에 목숨을 마친 뒤에 다시 그 왕가에 태어나서 전륜왕이 되었고, 법륜음허공등왕法輪音虛空燈王 여래가 열반한 뒤에 또 여기서 법공왕法空王 여래를 만나서 받들어 섬기고 공양하였습니다."

次爲帝釋하야 卽此道場에 値天王藏如來하야 親近供養하며

"그 다음에는 제석이 되어 곧 이 도량에서 천왕장天王藏 여래를 만나 친근하고 공양하였습니다."

次爲夜摩天王하야 卽於此世界에 値大地威力山如來하야 親近供養하며

"그 다음에는 야마천왕이 되어 곧 이 세계에서 대지위력산大地威力山 여래를 만나 친근하고 공양하였습니다."

_{차 위 도 솔 천 왕} _{즉 어 차 세 계} _{치 법 륜 광 음}
次爲兜率天王_{하야} **卽於此世界**_에 **値法輪光音**
_{성 왕 여 래} _{친 근 공 양}
聲王如來_{하야} **親近供養**_{하며}

"그 다음에는 도솔천왕이 되어 곧 이 세계에서 법륜광음성왕法輪光音聲王 여래를 만나 친근하고 공양하였습니다."

_{차 위 화 락 천 왕} _{즉 어 차 세 계} _{치 허 공 지 왕}
次爲化樂天王_{하야} **卽於此世界**_에 **値虛空智王**
_{여 래} _{친 근 공 양}
如來_{하야} **親近供養**_{하며}

"그 다음에는 화락천왕이 되어 곧 이 세계에서 허공지왕虛空智王 여래를 만나 친근하고 공양하였습니다."

차위타화자재천왕   즉어차세계   치무능
次爲他化自在天王하야 **卽於此世界**에 **値無能**
괴당여래   친근공양
壞幢如來하야 **親近供養**하며

"그 다음에는 타화자재천왕이 되어 곧 이 세계에서 무능괴당無能壞幢 여래를 만나 친근하고 공양하였습니다."

차위아수라왕   즉어차세계   치일체법뇌
次爲阿修羅王하야 **卽於此世界**에 **値一切法雷**
음왕여래   친근공양
音王如來하야 **親近供養**하며

"그 다음에는 아수라왕이 되어 곧 이 세계에서 일체법뇌음왕一切法雷音王 여래를 만나 친근하고 공양하였습니다."

차위범왕   즉어차세계   치보현화연법음
次爲梵王하야 **卽於此世界**에 **値普現化演法音**

여래 　　친근공양
如來하야 **親近供養**호라

"그 다음에는 범왕이 되어 곧 이 세계에서 보현화연법음普現化演法音 여래를 만나 친근하고 공양하였습니다."

불자　차보광세계선광겁중　　유일만불　출
佛子야 **此寶光世界善光劫中**에 **有一萬佛**이 **出**

흥우세　　　아개친근　　승사공양
興于世어시늘 **我皆親近**하야 **承事供養**호라

"불자여, 이 보광 세계의 선광겁 가운데에 일만 부처님이 세상에 출현하시었는데 제가 다 친근하고 받들어 섬기며 공양하였습니다."

선복 태자는 출가한 후에 다시 무수한 부처님을 친견하여 수행을 쌓았으며, 그리고 명을 마친 후에는 그 왕가에 다시 태어나서 전륜성왕이 되었다. 그때의 부처님인 법륜음허공등왕法輪音虛空燈王 여래가 열반한 뒤에는 또 여기서 법공왕法空王 여래를 만나서 받들어 섬기고 공양하였다.

전륜성왕이 된 뒤에는 다시 제석천왕과 야마천왕과 도솔천왕과 화락천왕과 타화자재천왕과 아수라와 범왕 등이 되면서 낱낱이 부처님을 친근하고 공양하였다. 그 외에도 선광겁 가운데에 일만 부처님이 세상에 출현하시었는데 다 섬기며 공양하였음을 밝혔다. 선광겁 때의 수행 이야기는 여기까지이다.

9) 일광겁日光劫 때의 수행을 밝히다

次復有劫하니 名曰日光이요 有六十億佛이 出興於世하시니 最初如來가 名妙相山이며 我時爲王하니 名曰大慧니 於彼佛所에 承事供養하며

"다음에 또 겁이 있으니 이름이 일광日光이었습니다. 육십억 부처님이 세상에 출현하시었는데 최초의 부처님은 이름이 묘상산妙相山이시고, 저는 그때에 왕이 되었는데 이름이 대혜大慧였고 그 부처님을 받들어 섬기며 공

양하였습니다."

선광겁善光劫 다음에 일광겁日光劫이 있었는데 그때에 60억 부처님이 세상에 출현하신 이야기를 이어 간다.

차 유 불 출   명 원 만 견   아 위 거 사   친 근
次有佛出하시니 **名圓滿肩**이니 **我爲居士**하야 **親近**

공 양
供養하며

"다음에 출현하신 부처님은 원만견圓滿肩이신데 저는 거사가 되어 친근하고 공양하였습니다."

차 유 불 출   명 이 구 동 자   아 위 대 신   친
次有佛出하시니 **名離垢童子**니 **我爲大臣**하야 **親**

근 공 양
近供養하며

"다음에 출현하신 부처님은 이구동자離垢童子이신데

저는 대신이 되어 친근하고 공양하였습니다."

次有佛出하시니 名勇猛持니 我爲阿修羅王하야
親近供養하며

 "다음에 출현하신 부처님은 용맹지勇猛持이신데 저는 아수라왕이 되어 친근하고 공양하였습니다."

次有佛出하시니 名須彌相이니 我爲樹神하야 親近供養하며

 "다음에 출현하신 부처님은 수미상須彌相이신데 저는 나무 맡은 신이 되어 친근하고 공양하였습니다."

차유불출   명이구비   아위상주   친근
次有佛出하시니 **名離垢臂**니 **我爲商主**하야 **親近**
공양
供養하며

"다음에 출현하신 부처님은 이구비離垢臂이신데 저는 장사 물주가 되어 친근하고 공양하였습니다."

차유불출   명사자유보   아위성신   친
次有佛出하시니 **名獅子遊步**니 **我爲城神**하야 **親**
근공양
近供養하며

"다음에 출현하신 부처님은 사자유보獅子遊步이신데 저는 성城 맡은 신이 되어 친근하고 공양하였습니다."

차유불출   명위보계   아위비사문천왕
次有佛出하시니 **名爲寶髻**니 **我爲毘沙門天王**하야
친근공양
親近供養하며

"다음에 출현하신 부처님은 보계寶髻이신데 저는 비사문천왕이 되어 친근하고 공양하였습니다."

次_차有_유佛_불出_출하시니 名_명最_최上_상法_법稱_칭이니 我_아爲_위乾_건闥_달婆_바王_왕하야 親_친近_근供_공養_양하며

"다음에 출현하신 부처님은 최상법칭最上法稱이신데 저는 건달바왕이 되어 친근하고 공양하였습니다."

次_차有_유佛_불出_출하시니 名_명光_광明_명冠_관이니 我_아爲_위鳩_구槃_반茶_다王_왕하야 親_친近_근供_공養_양호라

"다음에 출현하신 부처님은 광명관光明冠이신데 저는 구반다왕이 되어 친근하고 공양하였습니다."

어 피 겁 중　　여 시 차 제 유 육 십 억 여 래　　출 흥 어
於彼劫中에 **如是次第有六十億如來**가 **出興於**

세　　　　아 상 어 차　　수 종 종 신　　　일 일 불 소　　친
世이시늘 **我常於此**에 **受種種身**하야 **一一佛所**에 **親**

근 공 양　　　교 화 성 취 무 량 중 생
近供養하야 **敎化成就無量衆生**하며

"그 겁 가운데 이와 같이 차례로 육십억 여래가 세상에 출현하시었는데, 저는 항상 여기에서 여러 가지 몸을 받아서 낱낱 부처님 계신 데마다 친근하고 공양하면서 한량없는 중생을 교화하여 성취하게 하였습니다."

선광겁 다음에 일광겁이 있고 그때에 60억 부처님이 세상에 출현하셨는데 원만견圓滿肩 부처님과 이구동자離垢童子 부처님과 용맹지勇猛持 부처님과 수미상須彌相 부처님 등이 출현하실 때마다 거사가 되고 대신이 되고 아수라가 되면서 친근하고 공양하였음을 밝혔다. 이렇게 60억 부처님이 세상에 출현하실 때마다 낱낱 부처님 계신 데서 친근하고 공양하면서 한량없는 중생을 교화하여 성취하였다.

어일일불소　득종종삼매문　종종다라니문
於一一佛所에 **得種種三昧門**과 **種種陀羅尼門**

종종신통문　종종변재문　종종일체지문
과 **種種神通門**과 **種種辯才門**과 **種種一切智門**과

종종법명문　종종지혜문　조종종시방해
種種法明門과 **種種智慧門**하야 **照種種十方海**하며

입종종불찰해　견종종제불해　청정성취
入種種佛刹海하며 **見種種諸佛海**하야 **淸淨成就**하며

증장광대
增長廣大하니라

"낱낱 부처님 계신 데서 가지가지 삼매문과, 가지가지 다라니문과, 가지가지 신통문과, 가지가지 변재문과, 가지가지 일체 지혜의 문과, 가지가지 법을 밝히는 문과, 가지가지 지혜의 문을 얻어서 가지가지 시방 바다를 비추며, 가지가지 부처님 세계 바다에 들어가며, 가지가지 모든 부처님 바다를 보아서 청정하게 성취하며, 증장하고 광대하게 하였습니다."

60억 부처님이 세상에 출현하실 때마다 낱낱 부처님 계신 데서 친근하고 공양하면서 가지가지 삼매문과 가지가지

다라니문과 가지가지 신통문과 가지가지 변재문 등을 얻게 되었음을 밝혔다.

10) 수행한 시간과 장소를 모두 맺다

如_여於_어此_차劫_겁中_중에 **親_친近_근供_공養_양爾_이所_소諸_제佛_불**하야 **於_어一_일切_체**

處_처一_일切_체世_세界_계海_해微_미塵_진數_수劫_겁에 **所_소有_유諸_제佛_불**이 **出_출興_흥於_어世_세**

어시든 **親_친近_근供_공養_양**하야 **聽_청聞_문說_설法_법**하고 **信_신受_수護_호持_지**도 **亦_역復_부**

如_여是_시하야 **如_여是_시一_일切_체諸_제如_여來_래所_소**에 **皆_개悉_실修_수習_습此_차解_해脫_탈**

門_문하며 **復_부得_득無_무量_량解_해脫_탈方_방便_편**호라

"이 겁에서 저러한 모든 부처님을 친근하여 공양한 것처럼 모든 곳에서 온갖 세계해의 미진수 겁에 모든 부처님이 세상에 출현하실 적마다 친근하고 공양하며, 법문을 듣고 믿어 받고 보호해 가지는 것도 또한 다시 이와 같이 하였으며, 이와 같이 일체 모든 부처님 처소

에서 이 해탈문을 닦아 익혔으며, 다시 한량없는 해탈의 방편을 얻었습니다."

대원정진력주야신 선지식은 과거 선복善伏이라는 태자 시절 일광겁 때에 그 많은 부처님을 친근하고 공양하며 가지가지 법을 얻은 것과 같이 세계해의 미진수 겁에서 모든 부처님이 세상에 출현하실 적마다 친근하고 공양하며, 법문을 듣고 믿고 받아들이며 보호해 가지는 것을 또한 이와 같이 하였음을 밝혔다.

(6) 대원정진력주야신이 게송으로 거듭 설하다

1〉 옛 부처님 출현을 밝히다

이시 구호일체중생주야신 욕중선차해탈
爾時에 救護一切衆生主夜神이 欲重宣此解脫

의   즉위선재   이설송언
義하사 卽爲善財하야 而說頌言

그때에 구호일체중생주야신이 이 해탈의 뜻을 거듭 펴려고 곧 선재동자를 위하여 게송을 설하였습니다.

여이환희신락심   문차난사해탈법
汝以歡喜信樂心으로   **問此難思解脫法**일새

아승여래호념력   위여선설응청수
我承如來護念力하야   **爲汝宣說應聽受**어다

그대가 환희하여 믿는 마음으로
이 불가사의한 해탈법을 물으니
제가 여래께서 염려하는 힘을 받들어
그대에게 말하노니 자세히 들으십시오.

과거무변광대겁   과어찰해미진수
過去無邊廣大劫에   **過於刹海微塵數**하야

시유세계명보광   기중유겁호선광
時有世界名寶光이요   **其中有劫號善光**이라

과거의 그지없고 넓고 큰 겁이
세계 바다 미진수보다 많은데
그때의 세계 이름 보광寶光이며
그 세계의 겁 이름 선광善光이었습니다.

어차 선광 대겁 중   일만 여래 출 흥 세
於此善光大劫中에   **一萬如來出興世**어시늘

아 개 친 근 이 공 양   종 기 수 학 차 해 탈
我皆親近而供養하고   **從其修學此解脫**호라

이 선광 큰 겁 동안에

일만 여래 세상에 출현하셨으니

제가 모두 친근하고 공양하면서

그를 따라 배우고 이 해탈을 얻었습니다.

시 유 왕 도 명 희 엄   종 광 관 평 극 수 려
時有王都名喜嚴이니   **縱廣寬平極殊麗**하야

잡 업 중 생 소 거 주   혹 심 청 정 혹 작 악
雜業衆生所居住라   **或心淸淨或作惡**이로다

그때 왕도의 이름은 희엄喜嚴이니

사방이 반듯하고 매우 수려해

여러 업을 지은 중생 살고 있는데

어떤 이는 청정하고 어떤 이는 험악하였습니다.

2) 선복 태자의 수행한 인연

이 시 유 왕 명 승 광
爾時有王名勝光이라

항 이 정 법 어 군 생
恒以正法御群生이러니

기 왕 태 자 명 선 복
其王太子名善伏이니

형 체 단 정 비 중 상
形體端正備衆相이로다

그때에 왕의 이름 승광勝光이요
언제나 정법으로 중생을 교화하는데
그 왕의 태자는 선복善伏이니
형상은 단정하고 모습은 거룩하였습니다.

시 유 무 량 제 죄 인
時有無量諸罪人이

계 신 뇌 옥 당 수 륙
繫身牢獄當受戮이어늘

태 자 견 이 생 비 민
太子見已生悲愍하야

상 계 어 왕 청 관 유
上啓於王請寬宥한대

그때 한량없는 여러 죄인들이
옥중에 갇히어서 죽게 되는데
태자는 그를 보고 자비한 마음으로
왕에게 용서하기를 청하였습니다.

이시 제신 공백 왕　　　　금 차 태자 위 왕 국
爾時諸臣共白王호대　　**今此太子危王國**이니이다

여시 죄인 응수 륙　　　　여 하 실 구 영 제 면
如是罪人應受戮이어늘　**如何悉救令除免**이리잇고

그때 신하들이 왕께 말하되
태자의 이런 말은 나라를 위태롭게 합니다.
죄인들은 형벌을 받아야 하는데
어떻게 용서하여 주겠습니까.

시 승광 왕 어 태자　　　　여 구 피 죄 자 당 수
時勝光王語太子하사대　**汝救彼罪自當受**라

태 자 애 념 정 전 심　　　　서 구 중생 무 퇴 겁
太子哀念情轉深하야　　**誓救衆生無退怯**이러니

그때 승광왕이 태자에게 말하되
용서하면 그 죄를 네가 받는다.
태자는 자비한 마음이 간절하여
중생들을 구하기에 겁이 없었습니다.

시왕부인채녀등 구래왕소백왕언
時王夫人婇女等이 **俱來王所白王言**호대

원방태자반월중 보시중생작공덕
願放太子半月中에 **布施衆生作功德**케하소서

그때에 왕의 부인이 채녀들을 데리고
왕 앞에 나아가 아뢰는 말씀이
태자에게 허락하여 보름 동안만
중생에게 보시하여 공덕을 짓게 해 주십시오.

시왕문이즉청허 설대시회제빈핍
時王聞已卽聽許한대 **設大施會濟貧乏**할새

일체중생미부진 수유소구함급여
一切衆生靡不臻이라 **隨有所求咸給與**러니

그때 대왕이 이 말을 듣고 허락하여서
큰 보시회를 마련하고 가난을 구제할새
모든 중생 그곳으로 모여드는데
요구대로 모든 것 베풀어 주나니

여 시 반 월 일 운 만　　　태 자 취 류 시 장 지
如是半月日云滿에　　**太子就戮時將至**라

대 중 백 천 만 억 인　　　동 시 첨 앙 구 호 읍
大衆百千萬億人이　　**同時瞻仰俱號泣**이러니

이와 같이 보시하기 보름이 차서

태자의 죽을 시간 닥쳐왔으매

백천만억 사람들 몰려들어서

한꺼번에 쳐다보고 울부짖었습니다.

피 불 지 중 근 장 숙　　　이 래 차 회 화 군 생
彼佛知衆根將熟하고　　**而來此會化群生**하사대

현 현 신 변 대 장 엄　　　미 불 친 근 이 공 경
顯現神變大莊嚴하시니　　**靡不親近而恭敬**이어늘

저 부처님이 여러 사람 근기가 익은 줄 알고

중생을 교화하려 이 모임에 와서

신통변화 나타내어 장엄하시니

친근하여 공경하지 않는 이 없었습니다.

불 이 일 음 방 편 설	법 등 보 조 수 다 라

佛以一音方便說　　法燈普照修多羅하시니

무 량 중 생 의 유 연	실 몽 여 수 보 리 기

無量衆生意柔軟하야　　悉蒙與授菩提記로다

부처님이 한결같은 음성과 방편으로써

법등보조法燈普照경을 말씀하시니

한량없는 중생들 마음이 부드러워

깨달음의 수기를 모두 받았습니다.

선 복 태 자 생 환 희　　　발 흥 무 상 정 각 심

善伏太子生歡喜하야　　發興無上正覺心하고

서 원 승 사 어 여 래　　　보 위 중 생 작 의 처

誓願承事於如來하야　　普爲衆生作依處러니라

선복善伏 태자 즐거운 마음으로

가장 높은 정각의 마음 일으키려고

여래를 섬기려는 서원 세우고

널리 중생의 의지할 곳 되려 하였습니다.

3〉 출가하여 부처님을 섬기다

便卽出家依佛住하야 修行一切種智道일새

爾時便得此解脫하야 大悲廣濟諸群生이로다

그러고는 부처님을 따라 출가해서

일체 여러 가지 지혜의 길을 닦아서

그때에 이 해탈을 얻고 나서는

큰 자비로 모든 중생 제도하였습니다.

於中止住經劫海하야 諦觀諸法眞實性하고

常於苦海救衆生하야 如是修習菩提道할새

그 속에서 겁 바다를 지나면서

모든 법의 참된 성품 자세히 살피고

언제나 고해에서 중생 건지며

이와 같이 보리도를 닦아 익혔습니다.

겁 중 소 유 제 불 현　　　실 개 승 사 무 유 여
劫中所有諸佛現을　　**悉皆承事無有餘**하야

함 이 청 정 신 해 심　　　청 문 지 호 소 설 법
咸以淸淨信解心으로　**聽聞持護所說法**호라

그 겁에서 나시는 모든 부처님을

받들어 섬기면서 남기지 않고

청정하게 믿고 아는 마음으로써

말씀하신 법문 듣고 다 지녔습니다.

4) 때와 장소를 모두 맺다

차 어 불 찰 미 진 수　　　무 량 무 변 제 겁 해
次於佛刹微塵數　　　**無量無邊諸劫海**에

소 유 제 불 현 세 간　　　일 일 공 양 개 여 시
所有諸佛現世間을　　**一一供養皆如是**로다

그 다음에 세계의 미진수처럼

한량없고 그지없는 겁의 바다에서

그 세상에 출현하신 모든 부처님을

모두 다 이와 같이 공양하였습니다.

아념 왕석위태자 　　　　　견제중생재뇌옥
我念往昔爲太子하야　　**見諸衆生在牢獄**하고

서원사신이구호 　　　　　인기증차해탈문
誓願捨身而救護일새　　**因其證此解脫門**호라

저는 옛날 태자로 있을 적에

중생들이 옥중에 갇힘을 보고

몸을 버려 구원하길 서원했으며

그로 인해 이 해탈문을 증득하였습니다.

경어불찰미진수 　　　　　광대겁해상수습
經於佛刹微塵數　　　　**廣大劫海常修習**하야

염념영기득증장 　　　　　부획무변교방편
念念令其得增長하고　　**復獲無邊巧方便**호라

세계의 미진수처럼 많고

광대한 겁의 바다 지내 오며 항상 닦아서

생각 생각 그 법문 증장케 하고

그지없는 좋은 방편 다시 얻었습니다.

피중소유제여래　　　　아실득견몽개오
彼中所有諸如來를　　**我悉得見蒙開悟**하야

영아증명차해탈　　　　급이종종방편력
令我增明此解脫과　　**及以種種方便力**호라

그 가운데 계시는 여러 부처님

제가 모두 뵈옵고 깨달았으며

제가 얻은 해탈문 더욱 밝았고

가지가지 방편의 힘도 함께 늘었습니다.

5) 법 얻음을 설하다

아어무량천억겁　　　　학차난사해탈문
我於無量千億劫에　　**學此難思解脫門**일새

제불법해무유변　　　　아실일시능보음
諸佛法海無有邊을　　**我悉一時能普飮**호라

저는 한량없는 천억 겁 동안

불가사의한 해탈문을 배웠고

모든 부처님 법의 바다 그지없거늘

저는 모두 한꺼번에 능히 마셨습니다.

시방소유일체찰　　　기신보입무소애
十方所有一切剎에　**其身普入無所礙**하야

삼세종종국토명　　　염념요지개실진
三世種種國土名을　**念念了知皆悉盡**호라

시방에 있는 모든 세계에

이 몸이 널리 들어가서 걸림이 없고

세 세상 가지가지 국토의 이름

순간순간에 남김없이 다 압니다.

삼세소유제불해　　　일일명견진무여
三世所有諸佛海를　**一一明見盡無餘**하며

역능시현기신상　　　보예어피여래소
亦能示現其身相하야　**普詣於彼如來所**호라

세 세상의 모든 부처님 바다

낱낱이 분명하게 모두 보았고

그 몸의 모습까지 나타내어서

여래의 계신 곳에 두루 나아갑니다.

우 어 시 방 일 체 찰 　　　　일 체 제 불 도 사 전
又於十方一切刹　　　　**一切諸佛導師前**에

보 우 일 체 장 엄 운 　　　　공 양 일 체 무 상 각
普雨一切莊嚴雲하야　　**供養一切無上覺**하며

그리고 또 시방의 모든 세계

일체 모든 부처님이 계신 데마다

여러 가지 장엄 구름 널리 비 내려

일체의 무상각無上覺께 공양하였습니다.

우 이 무 변 대 문 해 　　　　계 청 일 체 제 세 존
又以無邊大問海로　　　**啓請一切諸世尊**하야

피 불 소 우 묘 법 운 　　　　개 실 수 지 무 망 실
彼佛所雨妙法雲을　　　**皆悉受持無忘失**하며

또 다시 그지없는 큰 물음으로써

일체 모든 세존들께 여쭈어 보고

그 부처님 말씀하시는 묘한 법 구름

모두 받아 지니어 잊지 않았습니다.

우어시방무량찰　　　　일체여래중회전
又於十方無量刹　　　一切如來衆會前에

좌어중묘장엄좌　　　　시현종종신통력
坐於衆妙莊嚴座하야　**示現種種神通力**하며

시방의 한량없는 모든 세계의
일체의 부처님과 대중 앞에서
기묘하게 장엄한 자리에 앉아
가지가지 신통한 힘 나타내 보입니다.

우어시방무량찰　　　　시현종종제신변
又於十方無量刹에　　**示現種種諸神變**호대

일신시현무량신　　　　무량신중현일신
一身示現無量身하고　**無量身中現一身**하며

시방의 한량없는 여러 세계에
가지가지 신통변화 나타내는데
한 몸에 한량없는 몸을 나타내 보이고
한량없는 몸속에서 한 몸을 나타냅니다.

우어일일모공중	실방무수대광명
又於一一毛孔中에	**悉放無數大光明**하야
각이종종교방편	제멸중생번뇌화
各以種種巧方便으로	**除滅衆生煩惱火**하며

또 다시 하나하나 모공 속에서

수없는 큰 광명을 두루 놓으며

가지가지 교묘한 방편으로써

중생의 번뇌 불을 꺼서 소멸합니다.

우어일일모공중	출현무량화신운
又於一一毛孔中에	**出現無量化身雲**하야
충만시방제세계	보우법우제군품
充滿十方諸世界하야	**普雨法雨濟群品**호라

또 다시 하나하나 모공 속에서

한량없는 화신化身 구름 나타내어서

시방의 온 세계에 가득히 차게 하여

법비를 두루 내려 중생들을 제도합니다.

시방일체제불자　　　입차난사해탈문
十方一切諸佛子가　　**入此難思解脫門**하야

실진미래무량겁　　　　안주수행보살행
悉盡未來無量劫토록　**安住修行菩薩行**이어든

시방의 일체 모든 불자들이
이 불가사의한 해탈문에 들어가
오는 세상 한량없는 겁이 다하도록
편안히 보살행을 닦아 행하며

수기심락위설법　　　　영피개제사견망
隨其心樂爲說法하야　**令彼皆除邪見網**하고

시이천도급이승　　　　내지여래일체지
示以天道及二乘과　　**乃至如來一切智**호라

좋아하는 마음 따라 법을 설하여
저들의 삿된 소견 없애 버리고
천상에 나는 도와 성문 연각과
여래의 일체 지혜 보여 줍니다.

일 체 중 생 수 생 처
一切衆生受生處에

시 현 무 변 종 종 신
示現無邊種種身하야

실 동 기 류 현 중 상
悉同其類現衆像하야

보 응 기 심 이 설 법
普應其心而說法호니

모든 중생 태어나는 곳을 따라

그지없는 갖가지 몸을 나타내 보이되

그들의 종류를 따라 형상을 나타내며

그 마음에 맞추어서 법을 설하니

약 유 득 차 해 탈 문
若有得此解脫門이면

즉 주 무 변 공 덕 해
則住無邊功德海호대

비 여 찰 해 미 진 수
譬如刹海微塵數하야

불 가 사 의 무 유 량
不可思議無有量이로다

만약 누가 이 해탈문을 얻기만 하면

그지없는 공덕 바다 머무르리니

비유컨대 세계해의 미진수와 같아서

불가사의하고 한량이 없을 것입니다.

이 해탈문이란 보살교화중생영생선근해탈문菩薩敎化衆生令

生善根解脫門인데, 곧 보살이 중생을 교화하여 선근을 내게 하는 해탈문이다. 만약 이 해탈문을 얻기만 하면 그지없는 공덕의 바다에 머물게 되는데, 그 공덕의 바다는 불가사의하고 한량이 없다. 비유하면 세계 바다를 작은 먼지와 같이 하였을 때 그 먼지 수효와 같아서 헤아릴 수 없다는 것이다.

대원정진력주야신 선지식이 얻은 '보살이 중생을 교화하여 선근을 내게 하는 해탈문'이란 선복善伏 태자가 옛날 그 나라에서 어리석은 중생들이 죄를 지어 죄의 대가로 심한 고통을 받는 것을 보고는 안타까운 마음에 부왕에게 그 고통을 대신 받겠다고 자청하면서 여러 가지 보시행과 아울러 수행한 해탈문이다.

산문과 게송에서 다 같이 설한 대로 태자는 그와 같은 마음을 내어 중생들을 어여삐 여기고 고통을 대신하여 받으면서 구제하였다. 이와 같은 수행의 공덕 바다를 어찌 헤아릴 수 있겠는가. 반드시 세계 바다의 미진수와 같아서 불가사의하고 한량이 없으리라.

3) 자기는 겸손하고 다른 이의 수승함을 추천하다

善男子아 我唯知此敎化衆生令生善根解脫
門이이니와 如諸菩薩摩訶薩은 超諸世間하야 現諸
趣身하며 不住攀緣하야 無有障礙하며

"선남자여, 저는 다만 이 중생을 교화하여 착한 뿌리를 내게 하는 해탈문을 알거니와 모든 보살마하살은 모든 세간을 초월하여 여러 길의 몸을 나타내며, 머무름 없이 반연하여 장애가 없으며,

了達一切諸法自性하며 善能觀察一切諸法하며
得無我智하야 證無我法하며 敎化調伏一切衆生호대
恒無休息하며 心常安住無二法門하며

일체 모든 법의 성품을 분명히 알며, 일체 모든 법을 잘 관찰하며, '나'가 없는 지혜를 얻고 '나'가 없는 법을 증득하며, 일체 중생을 교화하고 조복하되 항상 쉬지 아니하며, 마음이 항상 둘이 아닌 법문에 머무르며,

보입일체제언사해 아금운하능지능설
普入一切諸言辭海하나니 **我今云何能知能說**

피공덕해 피용맹지 피심행처 피삼매경
彼功德海와 **彼勇猛智**와 **彼心行處**와 **彼三昧境**과

피해탈력
彼解脫力이리오

일체 모든 말씀 바다에 두루 들어가나니, 제가 지금 저 공덕 바다와 저 용맹한 지혜와 저 마음으로 행하는 것과 저 삼매의 경계와 저 해탈의 힘을 어떻게 능히 알며 능히 말하겠습니까."

4) 다음 선지식 찾기를 권유하다

善男子^야 此閻浮提^에 有一園林^{하니} 名嵐毘尼^요
彼園^에 有神^{하니} 名妙德圓滿^{이니} 汝詣彼問^{호대} 菩薩^이 云何修菩薩行^{하며} 生如來家^{하야} 爲世光明^{호대} 盡未來劫^{토록} 而無厭倦^{이리잇고하라}

"선남자여, 이 염부제에 한 동산 숲이 있으니 이름이 람비니嵐毘尼요, 그 숲에 신이 있으니 이름이 묘덕원만妙德圓滿입니다. 그대는 그에게 가서 '보살이 어떻게 보살의 행을 닦아 여래의 가문에 태어나며, 세상의 빛이 되어 오는 세월이 다하도록 고달픔이 없을 수 있습니까?'라고 물으십시오."

時^에 善財童子^가 頂禮其足^{하며} 繞無量帀^{하며} 合

장첨앙 　사퇴이거
掌瞻仰하고 **辭退而去**하니라

그때에 선재동자는 그의 발에 엎드려 절하고 한량없이 돌고 합장하고 우러러보면서 하직하고 물러갔습니다.

입법계품 14 끝

〈제73권 끝〉

華嚴經 構成表

分次	周次		內容	品數	會次
舉果勸樂生信分 (信)	所信因果周		如來依正	世主妙嚴品 第一 如來現相品 第二 普賢三昧品 第三 世界成就品 第四 華藏世界品 第五 毘盧遮那品 第六	初會
修因契果生解分 (解)	差別因果周	差別因	十信	如來名號品 第七 四聖諦品 第八 光明覺品 第九 菩薩問明品 第十 淨行品 第十一 賢首品 第十二	二會
			十住	昇須彌山頂品 第十三 須彌頂上偈讚品 第十四 十住品 第十五 梵行品 第十六 初發心功德品 第十七 明法品 第十八	三會
			十行	昇夜摩天宮品 第十九 夜摩天宮偈讚品 第二十 十行品 第二十一 十無盡藏品 第二十二	四會
			十迴向	昇兜率天宮品 第二十三 兜率宮中偈讚品 第二十四 十迴向品 第二十五	五會
			十地	十地品 第二十六	六會
			等覺	十定品 第二十七 十通品 第二十八 十忍品 第二十九 阿僧祇品 第三十 如來壽量品 第三十一 菩薩住處品 第三十二	七會
		差別果	妙覺	佛不思議法品 第三十三 如來十身相海品 第三十四 如來隨好光明功德品 第三十五	
	平等因果周	平等因		普賢行品 第三十六	
		平等果		如來出現品 第三十七	
托法進修成行分 (行)	成行因果周		二千行門	離世間品 第三十八	八會
依人證入成德分 (證)	證入因果周		證果法門	入法界品 第三十九	九會

(資料：文殊經典研究會)

會場	放光別	會主	入定別	說法別舉
菩提場	遮那放齒光眉間光	普賢菩薩為會主	入毘盧藏身三昧	如來依正法
普光明殿	世尊放兩足輪光	文殊菩薩為會主	此會不入定．信未入位故	十信法
忉利天宮	世尊放兩足指光	法慧菩薩為會主	入無量方便三昧	十住法門
夜摩天宮	如來放兩足趺光	功德林菩薩為會主	入菩薩善思惟三昧	十行法門
兜率天宮	如來放兩膝輪光	金剛幢菩薩為會主	入菩薩智光三昧	十迴向法門
他化天宮	如來放眉間毫相光	金剛藏菩薩為會主	入菩薩大智慧光明三昧	十地法門
再會普光明殿	如來放眉間口光	如來為會主	入刹那際三昧	等妙覺法門
三會普光明殿	此會佛不放光．表行依解法依解光故	普賢菩薩為會主	入佛華莊嚴三昧	二千行門
祇陀園林	放眉間白毫光	如來善友為會主	入獅子頻申三昧	果法門

如天 無比

1943년 영덕에서 출생하였다. 1958년 출가하여 덕흥사, 불국사, 범어사를 거쳐 1964년 해인사 강원을 졸업하고 동국역경연수원에서 수학하였다. 10여 년 선원생활을 하고 1976년 탄허스님에게 화엄경을 수학하고 전법, 이후 통도사 강주, 범어사 강주, 은해사 승가대학원장, 대한불교조계종 교육원장, 동국역경원장, 동화사 한문불전승가대학원장 등을 역임하였다. 2018년 5월에는 수행력과 지도력을 갖춘 승랍 40년 이상 되는 스님에게 품서되는 대종사 법계를 받았다.

현재 부산 문수선원 문수경전연구회에서 150여 명의 스님과 300여 명의 재가 신도들에게 화엄경을 강의하고 있다. 또한 다음 카페 '염화실'(http://cafe.daum.net/yumhwasil)을 통해 '모든 사람을 부처님으로 받들어 섬김으로써 이 땅에 평화와 행복을 가져오게 한다.'는 인불사상(人佛思想)을 펼치고 있다.

저서로 『대방광불화엄경 실마리』, 『무비스님의 왕복서 강설』, 『무비스님이 풀어 쓴 김시습의 법성게 선해』, 『법화경 법문』, 『신금강경 강의』, 『직지 강설』(전 2권), 『법화경 강의』(전 2권), 『신심명 강의』, 『임제록 강설』, 『대승찬 강설』, 『유마경 강설』, 『당신은 부처님』, 『사람이 부처님이다』, 『이것이 간화선이다』, 『무비 스님과 함께하는 불교공부』, 『무비 스님의 증도가 강의』, 『일곱 번의 작별인사』, 무비 스님이 가려 뽑은 명구 100선 시리즈(전 4권) 등이 있고 편찬하고 번역한 책으로 『화엄경(한글)』(전 10권), 『화엄경(한문)』(전 4권), 『금강경 오가해』 등이 있다.

대방광불화엄경 강설 제73권

| 초판 1쇄 발행_ 2017년 11월 16일
| 초판 2쇄 발행_ 2020년 2월 17일

| 지은이_ 여천 무비(如天 無比)
| 펴낸이_ 오세룡
| 편집_ 박성화 손미숙 김정은 김영미
| 기획_ 최은영 곽은영
| 디자인_ 고혜정 김효선 장혜정
| 홍보 마케팅_ 이주하
| 펴낸곳_ 담앤북스
　　　　　서울특별시 종로구 새문안로3길 23 경희궁의 아침 4단지 805호
　　　　　대표전화 02)765-1251 전송 02)764-1251 전자우편 damnbooks@hanmail.net
　　　　　출판등록 제300-2011-115호
| ISBN　979-11-6201-016-7　04220

정가 14,000원

ⓒ 무비스님 2017